복지와 절세의 비밀병기

사내근로
복지기금

복지와 절세의 비밀병기, **사내근로복지기금**

2025년 10월 13일 초판 인쇄
2025년 10월 20일 초판 발행

지 은 이 ㅣ 윤충식, 하용원, 정성권, 이채경
발 행 인 ㅣ 오연관
발 행 처 ㅣ 삼일피더블유씨솔루션
등 록 번 호 ㅣ 1995.6.26. 제3－633호
주   소 ㅣ 서울특별시 용산구 한강대로 273 용산빌딩 4층
전   화 ㅣ 02)3489－3100
팩   스 ㅣ 02)3489－3141
가   격 ㅣ 22,000원

ISBN   979-11-6784-437-8   03320

복지와 절세의 비밀병기

사내근로
복지기금

윤충식 · 하용원 · 정성권 · 이채경 지음

SAMIL | 삼일인포마인

모든 대표님의 마음속에는 직원들에게 더 좋은 복지를 제공하고 싶은 바람이 있습니다.

그러나 현실은 냉혹합니다.

급여로 지급하면 세금과 4대 보험이 눈덩이처럼 불어나고, 복지포인트는 몇 년 뒤 세무조사에서 임금으로 둔갑해 돌아옵니다.

선의로 시작한 복지가 어느 순간 회사 재정을 위협하는 시한폭탄이 되는 것입니다.

저는 현장에서 수없이 들었습니다.

"조금만 일찍 알았다면 수천만 원은 지켰을 텐데…"

제도를 몰라 기회를 잃고, 불필요한 세금을 내고, 아까운 돈을 흘려보낸 대표님들의 후회 어린 목소리입니다. 이 안타까움이 이 책을 집필하게 만든 이유입니다.

솔직히 말씀드리면, 이 책을 쓰는 과정이 쉽지만은 않았습니다.

제도는 방대하고 법령과 규정은 끊임없이 개정되며, 기업마다 처한 상황도 제각각이었습니다.

수많은 법령과 판례, 행정 해석을 대조하며 사례 하나하나를 검증하는 일은 끝없는 도전이었습니다.

때로는 글을 쓰다 멈추고 다시 현장을 찾아 확인해야 했고, 어떤 부분은 전문가들과 밤새 토론을 거쳐야만 정리할 수 있었습니다. 그러나 그 어려움이 있었기에, 이 책은 단순한 이론서가 아니라 '현장에서 바로 쓸 수 있는 책'이 될 수 있었습니다.

이 책을 집필하는 과정에서 3인의 세무 전문가와 노무사가 함께 협업하였습니다. 현장의 언어로 풀어내고, 독자들이 쉽게 이해할 수 있도록 가독성을 최우선으로 하여 정리했습니다.

단순히 법조문을 나열하는 것이 아니라, 누구나 쉽게 읽고 바로 현장에서 활용할 수 있도록 구성한 것이 이 책의 가장 큰 특징입니다.

이 책을 통해 단순히 지식을 전하는 데 그치지 않겠습니다. 대표님들이 당장 현장에서 활용할 수 있는 실무 전략을 드리고, 복지를 진짜 경영 무기로 만들 수 있도록 돕고자 합니다.

그 과정에서 부족한 점이 있더라도, 끝까지 현장과 함께하며 업데이트하고 개선해 나가겠습니다.

"복지를 비용이 아니라 투자로 만드는 것" 이것이 저희의 각오이자, 이 책의 사명입니다.

사내근로복지기금은 단순한 복지제도가 아닙니다.

회사가 출연금을 적립해 별도 법인으로 운영하는 국가 공인 제도입니다.

출연금은 전액 비용 처리되어 법인세를 줄이고, 직원에게 지급되는 복지금은 임금이 아니므로 4대 보험 부담도 없습니다.

회사에는 절세를, 직원에게는 실질적 혜택을 동시에 안겨주는, 가장 강력한 복지 무기입니다.

이 책은 실제 상담 현장의 사례, 제도를 성공적으로 도입한 과정, 대표님들이 가장 많이 묻는 질문과 답변을 담았습니다. 장학금, 주택자금, 의료비 지원은 물론 공동근로복지기금 운영까지, 즉시 활용할 수 있는 전략으로 정리했습니다.

이 책을 덮는 순간, 복지는 '좋은 마음'에서 '경영 전략'으로 바뀝니다. 직원은 만족하고, 회사는 세금을 절약하며, 장기근속과 신뢰, 브랜드 가치까지 함께 끌어올리는 선순환이 시작됩니다.

복지는 더 이상 미룰 수 있는 선택이 아닙니다. 제도를 아는 자만이 복지를 무기로 삼을 수 있습니다. 지금이 바로 회사를 바꿀 결정적 순간입니다. 그 시작을 이 책과 함께 여십시오.

마지막으로, 이 책이 세상에 나오기까지 함께 땀 흘려주신 출판사와 SWJ 통합연구소에 깊은 감사를 전합니다. 수많은 어려움을 함께 이겨내며 한 걸음씩 나아갔기에, 비로소 이 책이 완성될 수 있었습니다.

또한 언제나 곁에서 응원해 주고 힘이 되어준 가족들과 함께, 이 책을 완성하는 과정에서 도움을 아끼지 않은 각 분야 전문가분들에게도 진심 어린 감사를 전합니다.

2025년 10월

저자 일동 올림

Contents

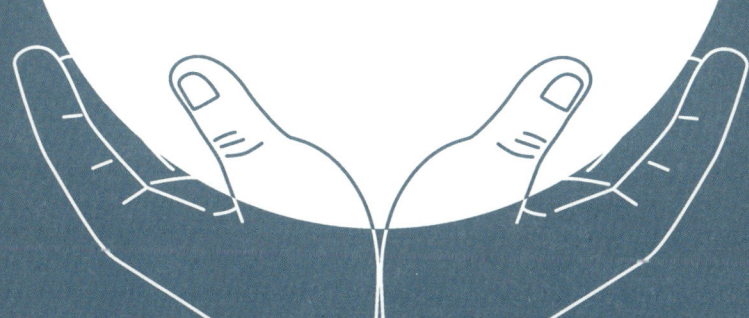

직원 복지와 절세 두 마리 토끼를 잡을 수 있는 사내근로복지기금

복지와 절세의 비밀병기
사내근로복지기금

대표님, 제가 대표님 회사에 대해 아무런 정보도 듣지 않았지만, 지금 어떤 상황일지 한번 그려보겠습니다.

직원 복지를 더 늘려주고 싶은 마음은 누구보다 크지만, 막상 급여로 지급하려니 세금과 4대 보험 부담이 눈덩이처럼 불어나고 있지는 않으신가요?

연봉을 올려줬는데도 직원들의 만족도는 기대에 한참 못 미치고, 복지포인트를 지급했더니 몇 년 뒤 과세 논란에 휘말려 곤란했던 경험이 있으실 겁니다.

복지는 늘리고 싶은데, 제도와 규정을 제대로 이해하지 못한 채 설계하면 대가는 혹독합니다. 단 한 번의 실수가 수천만 원의 세금·가산세·보험료로 이어질 수 있고, 특히 복지포인트 설계가 부실하면 세무조사에서 임금으로 재분류되어 회사 재정은 물론 대표님의 신뢰까지도 무너질 수 있습니다.

하지만 이 모든 문제를 한 번에 해결할 수 있는 방법이 있습니다. 아직도 많은 기업이 모르고 있는 절세와 복지를 동시에 잡는 제도, 바로 '사내근로복지기금'입니다.

사내근로복지기금, 한마디로 말하면?

사내근로복지기금은 '근로자를 위한 복지를 안정적이고 지속 가능하게 제공하기 위해 기업이 출연금을 조성하여 별도로 운영하는 기금'입니다.

즉, 단순히 비용을 지출하는 복지 방식이 아니라, 회사의 자금 중 일부를 '기금'으로 떼어 두고, 이를 활용해 일정한 기준과 절차에 따라 복지 혜택을 제공하는 제도입니다.

이 기금은 회사가 임의로 쓰는 비용이 아니라, 설립 시 관할 고용노동지청에 신고하고, 연 1회 운영실적을 보고해야 하는 '공적 제도'입니다. 국가가 인정하는 제도이고, 일정 요건을 갖춘 경우 세제 혜택도 받을 수 있습니다.

구분	일반 복지	사내근로복지기금
운영 주체	회사 내 부서 (예 : 인사팀)	별도 비영리법인
재원 성격	예산 소진 방식	출연금 기반 적립 운영
기준	사내 규정에 따라 자율	정관 등 법령과 운영규정에 따라 엄격하게 관리
과세 여부	과세 가능성 있음	요건 충족 시 비과세
운영 투명성	비교적 낮음	고용노동부 보고 등으로 높음

이처럼, 사내근로복지기금은 단순한 '복지비 집행'이 아니라, 회사의 복지 구조를 제도적으로 설계할 수 있는 시스템입니다.

국가가 장려하는 제도라는 점에서 더 특별합니다.

사내근로복지기금은 단순히 기업이 임의로 만든 제도가 아닙니다. 「근로복지기본법」에 따라 정식으로 인정받는 제도이며, 정부는 이를 통해 기업의 복지 운영을 제도화하고, 근로자의 삶의 질 향상을 유도하고자 합니다.

국가 차원에서도 이 기금 제도의 운영을 장려하고 있으며, 고용노동부는 정기적인 운영 지침과 보고서를 통해 이 제도의 활성화를 지원하고 있습니다.

또한, 기업이 이 기금을 통해 복지를 제공하면, 일정 요건을 충족하는 범위 내에서 세제 혜택을 받을 수 있습니다. (예 : 기금 출연금의 손금산입 등)

요약하자면, 사내근로복지기금은 복지를 구조화하고, 제도화하며, 그 기반 위에 신뢰와 감정을 공감할 수 있는 '공적 복지 인프라' 입니다.

복지는 더 이상 '있는 듯 없는 듯'한 복리후생 항목이 아닙니다.

뛰어난 인재를 붙잡고, 조직의 몰입도를 높이며, 장기근속 문화를 만드는 핵심 무기입니다.

성공하는 기업들은 복지를 단순한 비용이 아닌 '전략적 투자'로 인식하고, 이를 통해 경쟁사를 압도하는 차별화를 이루고 있습니다.

실제로 복지를 전략화한 기업들은 인재 유치와 유지를 동시에 실현하며, 브랜드 가치를 눈에 띄게 높이고 있습니다.

사내근로복지기금은 사업주와 근로자 모두가 실질적인 혜택을 공유하는 제도입니다.

사업주는 출연금을 전액 손금 처리할 수 있어 법인세 절감 효과를 얻고, 복지기금 출연금이 임금이 아니기 때문에 건강·연금·고용·산재보험료의 부과 대상에서 제외되어 4대 보험 부담까지 완화됩니다.

또한 복지 예산을 기금으로 운영하면 복지포인트나 각종 수당이 임금으로 재분류되는 세무 리스크를 사전에 차단할 수 있고, 안정적인 복지 운영을 통해 우수 인재 확보와 장기근속 유도, 기업 브랜드 가치 향상까지 기대할 수 있습니다.

근로자 입장에서는 장학금, 주택자금, 의료비 등 다양한 복지 항목을 비과세로 수혜받아 실질 수령액이 늘어나고, 주택 구입·임차, 생활안정자금, 재난구호, 자기 계발 등 폭넓은 지원을 받을 수 있습니다.

특히 질병이나 재해 등 예기치 못한 위기 상황에서도 긴급 자금을 지원받아 생활 안정을 도모할 수 있으며, 복지제도의 지속 운영은 장기적으로 신뢰와 소속감을 높여 조직에 대한 몰입도를 강화합니다.

이처럼 사내근로복지기금은 기업의 비용 절감과 세무 안정성을 동시에 확보하면서 근로자의 실질 소득과 복지 만족도를 높이는 선순환 구조를 만들어냅니다.

따라서 '절세와 복지'라는 두 마리 토끼를 모두 잡을 수 있습니다.

이 강력한 구조는 이미 「근로복지기본법」에 명시되어 있으며, 법령 근거와 실제 적용 사례를 통해 그 진가를 확인할 수 있습니다.

좋은 제도라도 시작이 어렵고 운영이 복잡하면 활용하기 어렵습니다.

사내근로복지기금은 설립 전 사전 준비부터 정관 작성, 이사회 의결, 고유 번호증 발급, 출연금 계좌 개설까지 단계별 절차가 명확히 정해져 있습니다.

설립 이후에는 매년 의무적으로 제출해야 하는 운영상황보고서를 작성해야 하며, 여러 기업이 함께 참여해 비용 부담을 줄이는 공동근로복지기금 제도도 활용할 수 있습니다.

기금은 단순한 제도가 아니라 실질적인 복지 수단입니다.

장학금으로 직원 자녀의 교육을 지원하고, 주택자금으로 생활 안정을 돕고, 의료비·재난 구호를 통해 위기 상황에서도 든든한 버팀목이 됩니다.

많은 기업들이 이러한 복지 항목을 활용해 직원 만족도를 높이고 절세 효과까지 동시에 얻고 있습니다.

또한 잘 설계된 복지기금은 강력한 브랜드 자산이 됩니다.

직원들이 자부심을 느끼고, 협력사의 신뢰를 높이며, 채용 시장에서 경쟁 우위를 확보할 수 있습니다.

복지가 브랜드로 자리 잡으면 기업의 평판과 이미지는 한층 긍정적으로 변화합니다.

이처럼 사내근로복지기금은 복지를 전략으로 만들고, 절세 효과를 극대화하며, 기업의 브랜드 가치를 높이는 종합 솔루션이 될 수 있습니다.

이 책에서는 직원 복지뿐 아니라 절세 및 4대 보험 절감까지도 가능한 설계 비밀을 실제 사례 등을 통해 알려드립니다. 복지를 늘리면서도 회사 재무 부담을 획기적으로 줄일 수 있는, 가장 합법적이고 확실한 길을 지금부터 안내해 드리겠습니다.

2

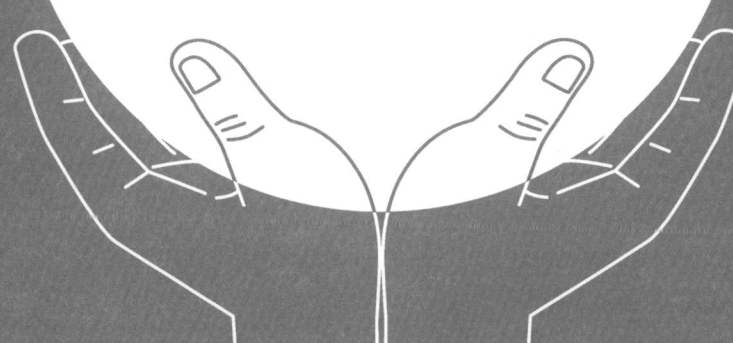

왜 복지는
전략이 되었는가

복지와 절세의 비밀병기
사내근로복지기금

"이 책을 읽고 계신 사장님, '복지'라는 단어를 들으면 어떤 생각이 먼저 드시나요?"

혹시 '비용', '부담', '쓸모없음' 같은 단어들이 먼저 떠오르지는 않으셨나요?

많은 대표님들이 복지를 '경제적 손실'로만 받아들이곤 합니다. 어쩌면 그 인식은 당연한 결과일지도 모릅니다. 지금까지 우리 기업에서 해온 복지는 '좋은 의도'만 있었지, '구조적인 설계'는 없었기 때문입니다.

어느 외식업 대표님은 제게 이런 말씀을 하셨습니다. "하도 복지를 해달라고 해서 회식도 하고, 명절 선물도 줬어요. 그런데 몇 달 뒤, 핵심 직원이 회사를 나가더라고요. 그때 느꼈죠. '복지를 해도 떠날 사람은 떠나는구나.'"

이런 경험, 혹시 낯설지 않으시죠? 사실 많은 사장님들이 비슷한 경험을 하셨을 겁니다. 복지를 해도 효과가 없고, 오히려 더 불만만 남는다고 느끼시진 않으셨나요?

그 이유는 간단합니다. 지금까지의 복지는 '이벤트'로만 접근되었기 때문입니다. 마음은 있었지만 제도는 없었고, 감정은 담겼지만 구조는 없었습니다.

한 번 생각해 보세요. 지금까지 어떤 복지를 운영해 보셨나요? 생일 케이크, 명절 선물세트, 송년회 경품… 분명 마음은 담으셨을 겁니다. 하지만 그것이 '제도화된 복지'였는지는 별개의 문제입니다.

우리나라 기업들은 여전히 복지를 '사장의 선의'로 생각합니다. 설날에 귤 상자, 추석에 햄 세트, 혹은 회식 자리에서 술에 취해 기분 좋게 쥐여주는 택시비나 금일봉. 분명한 호의지만, 이런 복지는 제도화되어 있지 않으면 오히려 위화감을 낳기도 합니다.

누군가는 받고, 누군가는 못 받는 상황. "나는 왜 안 받았지?"라는 작은 서운함이 불만으로 번지는 건 시간문제입니다.

더구나, 이런 현금성 복지는 회사 비용으로 처리되지 못하는 경우가 많고, 결국 사장님도 손해인 복지가 될 수밖에 없습니다.

게다가, 복지를 했음에도 직원이 떠나가면, 사장님의 마음은 더 씁쓸해집니다. "내가 이렇게까지 했는데…"라는 서운함이 남습니다.

하지만 복지 자체가 문제가 아닙니다. 문제는 '감정으로 운영된 복지'입니다. 이제 복지는 감정이 아닌 '구조'로 접근해야 합니다.

그렇다면 지금 복지의 어떤 점이 잘못된 걸까요?

"준 건 맞는데, 받은 건 모르는 복지의 아이러니"

"우리 회사 복지 뭐 있어요?"

대부분의 기업에서 복지 내용은 인사 규정이나 취업규칙에 명확히 명시되어 있지 않습니다. 신입 직원에게 "우리 회사 복지 뭐 있어요?"라고 물어보면, "음… 명절 선물은 나왔던 것 같아요" 정도의 대답이 돌아옵니다.

즉, 사장님은 복지를 제공했다고 생각하지만, 직원은 그것을 복지로 인식하지 못합니다. 복지는 '알리고 체감시키는 것'까지가 복지입니다.

"복지가 왜 늘 이벤트처럼 끝날까?"

복지는 단독으로 작동해서는 안 됩니다. 인사 평가, 승진 체계, 교육훈련, 경력 설계와 연결되어야 효과가 납니다. 하지만 많은 기업의 복지는 조직문화와 연결되지 못한 채, 그저 '보상'처럼 던져지는 경우가 많습니다.

결과적으로, 복지는 단기 이벤트로 소모되고, 조직에는 아무런 성과도 남기지 못합니다.

"죽어라 일했는데, 저 사람이랑 같은 상품권이라니" 이 과장의 불만

"누구는 정말 열심히 했는데, 누구는 대충 했는데도 똑같은 상품권을 받았어요." 이 한마디는 복지의 효과를 무너뜨립니다.

열심히 한 사람에겐 보상이, 대충한 사람에겐 신호가 필요합니다. 무차별 복지는 결국 모두의 동기부여를 꺼뜨립니다.

"사장님, 저희 안마의자 필요 없어요"

복지의 방향은 대부분 '사장님이 보기에 좋은 것'으로 정해집니다. 하지만 직원이 진짜 원하는 건 다를 수 있습니다. 안마의자보다 자기계발비, 스낵바보다 유연근무일 수도 있습니다.

직원 의견 없이 복지를 설계하면, 그것은 단지 '사장의 자기만족'일 뿐입니다. 복지는 배려가 아니라 전략이 되어야 합니다.

일회성/보여주기식 복지 – 복지가 아니라 마케팅?

연말에만 등장하는 포토존, 인증샷 이벤트, SNS에 올리기 위한 전시용 복지. "왜 우리 복지는 항상 카메라가 필요하죠?"라는 말, 들어 보신 적 있으신가요?

진짜 복지는 내부를 위한 것이어야 합니다. 보여주기 위한 복지는 직원의 진심을 얻지 못합니다.

"출산 안 한 우리는 복지가 없나요?"

출산휴가, 육아지원비 등 특정 대상에게만 제공되는 복지는 자칫 하면 역차별이 됩니다. 정규직만, 사무직만, 여성만… 복지가 특정 집단에게만 집중되면, 조직 내부의 균형이 깨집니다.

복지는 기준이 명확해야 합니다. 그렇지 않으면 혜택이 아니라 갈등의 불씨가 됩니다.

복지는 단지 '주는 것'이 아닙니다. '어떻게 주느냐'가 복지의 본질입니다. 지금 우리 조직에 어떤 복지 문제가 있는지 솔직하게 점검해 보는 것이, 진짜 전략의 출발점입니다.

AI 시대의 복지

"요즘 애들은 일보다 워라밸을 더 따진다더라."
"출·퇴근 시간, 회식 문화, 유연근무 이런 게 그렇게 중요해?"

혹시 대표님도 비슷한 생각을 해보신 적 있으신가요?

하지만 이건 단지 '요즘 애들'의 문제가 아니라, '시대의 변화'입니다. 그리고 이 변화를 가장 먼저, 그리고 민감하게 받아들이는 세대가 바로 MZ세대입니다.

MZ세대는 1980년대 중반 이후 태어난 밀레니얼과 Z세대를 말합니다. 지금 우리 회사에서 실무를 맡고 있는 구성원이자, 앞으로 조직을 이끌어갈 리더들이기도 하지요.

이들은 단순히 연봉만 보고 회사를 고르지 않습니다. '왜 이 회사여야 하는지', '어떤 가치를 가지고 일할 수 있는지', 그리고 '내 삶을 존중해주는 환경인지'를 함께 따져봅니다.

2024년 고용노동부와 한국고용정보원 조사에 따르면[1], MZ세대는 회사를 선택할 때 '연봉'보다 '복지제도'를 더 중요하게 여긴다고 답했습니다. 실제로 아래와 같은 요소들이 높은 순위를 차지했습니다.

* 유연한 출·퇴근제
* 자기 계발비와 복지포인트
* 위계보다 수평적인 사내문화
* 명확하고 접근성 있는 복지 규정

즉, 이들에게 복지는 단순한 선물이나 회식 같은 이벤트가 아니라, 제도화된 구조이자 공정한 기준입니다. '복지 좋은 회사'라는 말은 이제 단순한 칭찬이 아니라, "직원을 존중하는 회사"라는 신호가 되었습니다.

한 카드사에서 퇴사자들을 대상으로 조사한 결과도 이를 뒷받침합니다. MZ세대 직원들이 회사를 떠나는 가장 큰 이유는 '개인의 성장을 위한 기회 부족', 그리고 '불공정한 내부 문화'였습니다. 단순히 연봉이 아쉬워서가 아니라, '내가 여기서 일할 이유'를 잃어버린 겁니다.

복지는 그런 이유를 만들어주는 장치입니다. 그리고 지금의 복지

---

1) https://www.moel.go.kr/news/enews/report/enewsView.do?news_seq=17205&utm_source

는 더 이상 '있으면 좋은 것'이 아닙니다. '없으면 선택받지 못하는 것'이 되었습니다.

지금, 복지는 '기본값'이 되었습니다

87%의 MZ세대는 "연봉보다 복지가 좋으면 중소기업이라도 입사하겠다"고 답했습니다.

63%는 "워라밸이 경력보다 더 중요하다"고 말합니다.

'눈치 보지 않고 쓸 수 있는 연차', '강요 없는 회식', '실질적인 자기계발비' 같은 제도는 더 이상 특별한 혜택이 아니라, 있어야 할 '기본값'이 되었습니다.

앞으로는 더 빠르게 바뀝니다 – 복지는 계속 진화합니다

지금도 복지의 기준은 계속 변화하고 있지만, 앞으로는 그 속도가 훨씬 더 빨라질 것입니다.

무한업무 시대 → 워크 앤 리커버리 중심으로

일과 삶의 경계가 점점 흐려지며, 이제는 휴식과 회복, 정신건강까지 복지의 주요 요소로 부상하고 있습니다.

유연근무 & 워케이션의 일상화

출·퇴근 시간, 근무 장소에 구애받지 않는 하이브리드 근무와 워케이션(Work+Vacation)은 일부 업계의 특권이 아니라, 기업 경쟁력의 필수 조건이 되고 있습니다.

디지털 복지 + ESG 기반 복지

AI 기반 웰니스 앱, 온라인 복지 관리 시스템, 디지털 포상 플랫폼이 일상화되고 있고, 다양성·포용성·지속 가능성을 복지에 반영한 ESG 기반 정책도 중요한 경쟁력으로 작용하고 있습니다.

이제 복지는 단순한 이벤트가 아닙니다.

복지는 시스템이고, 전략입니다.

이 흐름을 외면하는 기업은 인재 확보와 조직 유지 모두에서 불리해질 수밖에 없습니다.

복지는 곧 '선택받는 기업'의 필수 조건입니다

앞으로의 복지는 더 이상 '복지'라는 단어 하나로 설명되지 않습니다.

웰빙, 유연성, 기술, 가치, 다양성이 모든 것이 하나로 묶여 '전략적 복지'라는 이름으로 진화하고 있습니다.

이미 해외 선진기업들은 AI 기반 웰니스 앱, 하이브리드 출근제, 워케이션 제도, 온라인 포상 시스템까지 복지의 패러다임을 재편하고 있습니다.

국내에서도 IT 업계는 물론, 제조·의료·전통 업종까지 유연근무와 복지 예산을 확대하며 변화에 올라타고 있습니다.

이 흐름은 단순한 유행이 아닙니다.
이 흐름을 따르는 기업만이 '선택받는 기업'이 되는 시대가 된 것입니다.

지금 고민하고 계신 복지,
단지 직원 달래기용이 아니라면
'시대 흐름에 올라타기 위한 전략'으로 접근하셔야 합니다.

미래는 기다려주지 않습니다.

지금 고민하지 않으면, 3년 뒤 우리 회사는 사람을 못 구하게 될지 모릅니다.

지금 바꾸지 않으면, 5년 뒤 우리 조직은 이직률과 사내 분위기의 늪에서 허우적댈 수도 있습니다.

선물을 줬는데, 돌아온 건 뺨이었다

"내가 이렇게까지 했는데, 어쩜 그렇게 말할 수가 있지?"
"명절 선물도 챙기고 회식도 하고 복지비도 썼는데… 왜 고맙다는 말 한마디 없는 거지?"

혹시 사장님도 이런 마음, 느껴보신 적 있으신가요?

복지를 한다고 해서 직원들이 무조건 고마워하지 않는다는 현실. 오히려 마음을 다했음에도 외면당하는 것 같은 기분에 씁쓸함만 남는 경우, 누구나 한 번쯤 경험하셨을 겁니다.

이런 감정의 간극은 '복지를 대하는 감정의 차이'에서 비롯됩니다.

사장님의 복지는 진심이었습니다. 애정을 담아 설 선물도 준비했고, 송년회 땐 경품도 마련했습니다. 하지만 직원 입장에선 그 모든 것이 '당연한 것' 혹은 '보여주기식'으로 받아들여졌을 수 있습니다.

왜일까요? 바로, 감정의 기준이 다르기 때문입니다.

사장님은 '고생 많았으니 기분 좋게 챙겨주고 싶다'는 마음이지만, 직원은 '왜 이 타이밍에?', '누구는 받고 누구는 왜 못 받지?', '내 입장에선 실질적인 도움이 되지 않는다'는 생각이 먼저 들 수 있습니다.

사장님의 진심은 사라지고, 직원들의 입장만 남게 되는 순간, 복지는 오히려 갈등의 불씨가 되기도 합니다.

이 감정의 차이를 좁히지 못하면,
복지는 '주는 사람만 힘들고 받는 사람은 불만인 제도'가 되고 맙니다.

복지는 감정을 이해하는 구조입니다

'복지'는 감정 그 자체가 아니라, 감정을 연결해 주는 구조여야 합니다.

감정을 공감하려면, 복지 역시 감정을 기준으로 설계되어야 합니다.

* 왜 이 시점에 이 복지를 주는가?
* 누가, 어떤 기준으로 받을 수 있는가?
* 왜 나에겐 해당되지 않는가?

이런 질문에 납득 가능한 '구조'와 '기준'이 없다면, 아무리 좋은 복지를 해도 직원들은 진심을 알아차리지 못합니다.

그래서 필요한 것이 '제도화된 복지'입니다.

복지는 감정의 보상이 아니라,
감정을 공감하고, 이해하고, 존중하는 방식이어야 합니다.

감정을 공감할 수 있는 복지 시스템이 필요합니다

모든 직원에게 같은 기준이 적용되고,
필요한 복지가 적절한 시점에 제공되며,
그 복지가 나에게 어떤 의미가 있는지 분명히 이해될 수 있다면,

복지는 진정한 의미의 감정 공감 수단이 됩니다.

그때 비로소 직원들은 단지 "받았기 때문이 아니라",

"존중받고 있다는 것을 느끼기 때문에" 조직에 마음을 엽니다.

복지는 단순한 선물이 아니라,
조직과 구성원 사이의 감정을 연결해 주는 다리가 되어야 합니다.

복지를 우리는 직원의 감정을 이해하고, 존중하며, 연결하는 구조로서의 복지 이게 진정한 복지 아닐까요?

사장님은 진심을 담아 최 대리에게 선물을 건넸습니다. 하지만 최 대리는 그저 형식적인 감사 인사만 하고 무심하게 돌아섭니다.

사장님의 마음을 몰라주는 그 모습에, 괜히 뺨이라도 맞은 듯 서운한 기분이 들지 않을까요?

이제 이런 질문을 던져볼 차례입니다.

"지금 우리 회사에 가장 필요한 복지는 무엇일까?"

복지를 시스템으로 바꾸고 싶고,
감정이 아닌 구조로 설계하고 싶고,
무엇보다 '국가가 인정하는 제도' 안에서 운영하고 싶다면,

"사장님, 지금이 바로 사내근로복지기금을 고민해야 할 때 아닐까요?"

3

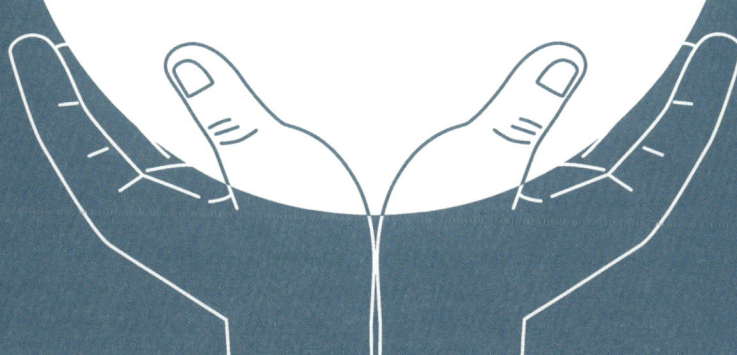

**"절세 1등,
사장님이
당첨되셨습니다"**

복지와 절세의 비밀병기
사내근로복지기금

세금은 기업에게 가장 큰 숙제입니다.

매출이 늘면 기쁘지만, 동시에 세금도 늘어납니다.

직원 복지를 챙기고 싶어도 4대 보험과 각종 세금이 겹쳐 효율은 떨어집니다.

개인은 개인대로 주거·교육·의료 같은 현실적인 부담 앞에서 한숨을 쉽니다.

많은 대표님들은 이런 고민을 합니다.

"매출은 올랐는데, 왜 남는 게 없지?"

"직원들 복지 챙겨주고 싶어도 세금 때문에 부담이 너무 크네."

"같은 돈을 써도 더 효율적인 방법은 없을까?"

그 절세 해답이 바로 사내근로복지기금입니다.[2]

직원에게는 체감되는 복지를 주면서, 회사에는 합법적인 절세 효과를 주는 제도.

---

[2] 사내근로복지기금 절세와 관련된 다양한 사례는 〈부록3〉을 참고하시기 바랍니다.

단순히 복지 차원을 넘어, 기업의 숫자와 가정의 삶을 동시에 바꾸는 힘이 있습니다.

이 장은 바로 그 이야기입니다.

매출 급등으로 세금에 고민한 제조업, 유튜브로 대박 난 병원, 4대 보험 부담에 막힌 스타트업, 생활비에 허덕이던 직장인까지…

서로 다른 현장에서 만난 공통된 해답.

그 드라마틱한 순간들을 함께 살펴보겠습니다.

"L 법인의 연말 기적, 복지기금이 만든 절세 드라마"

L 법인은 작년 대비 매출이 큰 폭으로 늘었습니다. 외부에서 보기에는 '성공 가도'에 오른 회사처럼 보였습니다. 하지만 사장님의 마음은 무거웠습니다. 매출은 늘었는데, 비용은 제자리에 머물러 있었기 때문입니다.

결산 시기가 다가올수록 숫자는 분명해졌습니다. 법인세 부담이 눈덩이처럼 불어나고 있었던 겁니다.

"이대로라면 최대 24%의 법인세에다, 지방세 2.4%까지… 세금으로만 엄청난 돈을 내야 하잖아."

사장님은 밤마다 장부를 들여다보며 깊은 한숨을 내쉬었습니다.

그때 세무사가 조심스레 한 가지 방법을 제안했습니다.

"사장님, 사내근로복지기금 출연을 고려해보시죠. 기금 출연금은 전액 복리후생비로 비용처리가 가능합니다."

처음엔 생소했던 제도였지만, 설명을 들을수록 확신이 생겼습니다.

직원 복지를 위해 쓰이는 돈이면서 동시에 합법적으로 비용 처리가 가능하다니, 이보다 좋은 방법이 있을까 싶었습니다.

결국 L 법인은 연말에 부족했던 비용을 사내근로복지기금 출연으로 충족했습니다. 결과는 놀라웠습니다. 예상했던 법인세 부담이 크게 줄었고, 남은 것은 안도의 미소였습니다.

사장님은 속으로 이렇게 되뇌었습니다.

"세금을 줄이면서 직원 복지도 챙기다니… 이건 마치 절세 복권에 당첨된 기분이잖아."

복지는 직원에게는 든든한 지원이 되고, 회사에는 세금을 줄이는 지혜가 되었습니다.

그리고 그날 이후, L 법인 사장님의 얼굴에는 주름 대신 웃음이 늘어났습니다.

"유튜브 대박 난 성형외과, 세금 폭탄 앞에서 찾은 절세 카드"

서울에서 성형외과를 운영하는 K 원장님은 지난해 상상도 못 한 일이 벌어졌습니다.

병원이 한 방송 프로그램에 소개된 것을 계기로 유튜브에서도 화제가 되더니, 중국인 성형 관광객들이 몰려든 것입니다. 예약이 폭주하면서 병원 매출은 그야말로 폭발적으로 늘어났습니다.

겉으로는 '대박'이라 불릴 만한 상황이었지만, 원장님의 표정은 점점 굳어졌습니다. 매출이 급격히 늘어난 만큼 세금 부담도 덩달아 커지고 있었던 겁니다.

병원은 법인 전환이 쉽지 않아 여전히 개인 체제를 유지해야 했고, 최대 45%의 종합소득세와 4.5%의 지방세, 합쳐서 절반 가까운 수입을 세금으로 내야 하는 현실이 다가오고 있었습니다.

"유튜브 덕에 병원은 떴는데, 결국 절반은 세금으로 빠져나가네… 이래서야 뭐가 남지?" 원장님은 환자 진료가 끝난 밤마다 고개를 떨구었습니다.

그러던 어느 날, 원장님은 우연히 한 강연에 참석하게 되었습니다.

강의에서 세무사는 이렇게 말하고 있었습니다. "사내근로복지기금 출연은 단순한 복지가 아닙니다. 출연금 전액이 복리후생비로 처리되어 세금을 합법적으로 줄일 수 있습니다."

순간 원장님의 머릿속에 번뜩임이 찾아왔습니다.

직원 복지와 절세를 동시에 해결할 수 있는 제도라니, 지금 병원 상황에 꼭 맞는 방법이었습니다.

그해 연말, K 원장은 사내근로복지기금에 출연하기로 결정했습니다.

예상대로 세금 부담은 눈에 띄게 줄었고, 직원 복지를 위한 자금도 따로 마련되었습니다.

원장님은 마음 깊이 이렇게 중얼거렸습니다. "세금으로 흘러갈 돈이 직원들을 위해 쓰인다니… 이보다 더 의미 있는 절세는 없구나."

예상치 못한 매출 폭발, 그리고 세금의 벽 앞에서 찾은 새로운 해답. 그것이 바로 사내근로복지기금이었습니다.

"회사 4대 보험 걱정 0%, 대표의 함박웃음 비결"

서울에서 IT 스타트업을 운영하는 J 대표는 직원 복지에 누구보다 신경을 쓰는 사람이었습니다.

젊은 직원들이 많은 만큼, 헬스장 이용권·콘도 숙박권·온라인 교육비·문화체험비·자녀 학원비 등 다양한 복지를 챙겨주고 싶었습니다. 하지만 장부를 열어볼 때마다 답답한 마음이 올라왔습니다.

"이 모든 걸 근로소득으로 주면, 직원뿐 아니라 회사 입장에서 회사대로 4대 보험 부담까지 떠안아야 하고… 같은 100만 원을 쓰는데 왜 이렇게 비효율적이지?"

대표는 늘 계산기를 두드리며 고민했습니다.

휴양시설 지원, 경조사비, 자녀 학원비, 의료비 지원 같은 항목은 직원 만족도가 큰데도, 근로소득으로 처리하면 회사 4대 보험 부담은 늘어나는 구조였기 때문입니다.

그러던 어느 날, J 대표는 사내근로복지기금이라는 제도를 알게 되었습니다.

세무사는 이렇게 설명했습니다. "대표님, 복지 항목을 기금에서 지급하면 4대 보험이 전혀 붙지 않습니다. 직원은 세금과 보험 공제

없이 온전히 혜택을 누리고, 회사는 불필요한 추가 부담을 피할 수 있죠."

대표의 머릿속에 전구가 켜졌습니다. "같은 100만 원을 쓰더라도, 이제는 직원이 100만 원 전부를 체감할 수 있고, 나는 4대 보험 부담에서 벗어날 수 있다는 거네!"

J 대표는 당장 사내근로복지기금을 설립했습니다.

기금을 통해 지급된 헬스장 지원, 학원비, 의료비는 직원들에게 그대로 전달되었고, 회사의 4대 보험 부담이 눈에 띄게 줄어들었습니다.

J 대표는 미소 지으며 속으로 중얼거렸습니다. "복지를 위한 돈이 이제야 제대로 쓰이는구나.

이게 바로 회사와 직원 모두가 웃을 수 있는 방법이야."

"사장님, 이거 제 급여명세서 맞나요?"

서울에서 제약·바이오 기업에 다니는 연구원 K 씨의 일상은 늘 전쟁 같았습니다.

신약 개발 프로젝트가 몰리면 밤늦게까지 실험실 불이 꺼지지 않앉고, 주말에도 연구실을 지키는 날이 많았습니다.

"몸은 힘들어도 연구 성과가 세상에 도움이 된다는 보람 하나로 버틴다."

하지만 현실의 부담은 여전했습니다. 아이 교육비, 부모님 병원비, 생활비까지 더해지자 어깨가 무거워졌습니다.

그러던 올해, 회사가 사내근로복지기금을 도입했습니다.

콘도 휴양권, 아이 학원비 지원, 부모님 병원비 지원까지 다양한 복지가 기금에서 지급되기 시작한 겁니다.

혜택이 반가우면서도, K 씨는 또 다른 걱정을 했습니다.

"이게 근로소득으로 잡혀서 세후로 줄어드는 건 아닐까? 연말정산 때 세금이 더 늘고, 4대 보험 부담까지 커지면 어떡하지…"

그러나 곧 놀라운 사실을 알게 되었습니다.

이 복지는 근로소득으로 잡히지 않아 4대 보험이 붙지 않고, 세금도 늘지 않는다는 것이었습니다.

연말정산을 앞두고 불안했던 K 씨에게 세무 담당자는 확신을 주었습니다.

"걱정하지 마세요. 과세소득이 아니어서 세금 변동은 없습니다. 그대로 혜택만 누리시면 돼요."

그제야 K 씨는 안도하며 속으로 중얼거렸습니다.

"예전 같았으면 100만 원 혜택을 받아도 세금과 4대 보험을 떼고 절반만 손에 쥐었을 텐데…

지금은 100만 원 전부가 내 가족에게 오는구나."

그날 밤, 아이와 함께 학원에서 진행된 문화체험 프로그램에 참여하고, 주말에는 가족과 콘도에서 쉬며 K 씨는 다시 다짐했습니다.

"이제야 연구에만 몰입할 수 있는 환경이 생겼다. 회사가 진짜 가족 같다는 게 이런 거구나."

"증여세 걱정 없는 전세자금 대출, 복지기금 덕분에 웃다"

서울에서 근무하는 직장인 M 씨는 결혼을 앞두고 가장 큰 고민에 빠졌습니다.

바로 전세자금이었습니다. 전세값은 매년 오르고, 은행 대출을 받자니 이자 부담이 너무 컸습니다.

"월급 모아서 집 하나 마련하는 게 이렇게 힘든 일이구나…" 밤마다 계산기를 두드리던 M 씨는 늘 한숨뿐이었습니다.

그런데 뜻밖의 희소식이 들려왔습니다.

회사가 운영하는 사내근로복지기금에서 전세자금 대출을 저리로 지원한다는 것이었습니다.

"정말 회사에서 전세자금을 빌려준다고? 그것도 은행보다 훨씬 낮은 금리로?" M 씨는 반신반의하며 신청했습니다.

그리고 놀라운 결과를 확인했습니다.

회사 복지기금에서 받은 저리 대출 덕분에 은행 대출보다 이자가 크게 줄어든 겁니다.

더구나 세무사 설명에 따르면, "정관에 따라 복지기금에서 무상 또는 저리로 대출받은 경우, 적정 이자율과의 차이로 인한 이익이 1,000만 원 미만이면 증여세도 비과세입니다."

즉, M 씨가 실제로 절약한 이자 혜택은 고스란히 주머니 속에 남았고, 세금 부담도 전혀 없었습니다.

그날 밤, 예비 신혼집 전세계약서를 들고 돌아오는 길에 M 씨는 미소를 지었습니다.

"은행에 이자를 퍼줄 걱정도 없고, 세금 부담도 없으니… 회사가 정말 내 인생을 함께 책임져주는구나."

그 순간, M 씨의 마음속에는 회사에 대한 깊은 신뢰와 애사심이 더욱 커져갔습니다.

"전세사기 상처, 복지기금의 1% 희망으로 회복하다"

C 인테리어 회사에서 근무하는 핵심기술 인력 S 씨.
그는 회사에서도 없어서는 안 될 실력자로 꼽히던 직원이었습니다.

하지만 전세사기가 사회적으로 큰 문제가 되던 해, S 씨 역시 피해자가 되고 말았습니다.

평생 모은 돈과 대출까지 끌어모아 마련한 3억 원이 하루아침에 사라진 것입니다.

"이제 어떻게 살아야 하나…"
절망에 빠진 S 씨는 업무 집중력이 떨어지고, 회사 생활에도 의욕을 잃어갔습니다.

회사 입장에서도 꼭 필요한 인력이 무너져 가는 모습을 지켜보는 것은 큰 위기였습니다.

바로 그때, 회사는 사내근로복지기금을 활용하기로 했습니다.
전세사기로 인한 긴급 생활자금을 1%라는 저리로 지원한 것입니다.

은행 문턱이 높아 발만 동동 구르던 S 씨는, 회사의 지원 소식을
듣고 눈시울을 붉혔습니다.
"회사가 정말 나를 버리지 않는구나…"

복지기금의 긴급 대출 덕분에 당장의 생활고를 벗어날 수 있었고,
무너져 가던 일상도 점차 회복되었습니다.

시간이 지나 S 씨는 다시 예전의 활기를 되찾았습니다.
무너진 마음을 붙잡아 준 것은 다름 아닌 회사의 복지기금이었습
니다.

그리고 S 씨의 마음에는 하나의 다짐이 생겼습니다.
"이 회사를 위해 다시 한번 최선을 다해야겠다."

같은 400만 원, 숫자로 보니 968,160원 차이

서울의 한 종합병원에서 근무하는 간호사 A 씨.

연봉은 6,000만 원이지만, 매달 급여명세서를 받아보면 세금과 4

대 보험 공제로 빠져나가는 금액이 상당했습니다.

올해 병원은 새로운 제도를 도입했습니다.

사내근로복지기금을 통해 직원들에게 400만 원 상당의 복지를 지원하기로 한 것입니다.

A 씨는 단순히 복지가 늘어난다는 사실보다, 실제 수령액이 어떻게 달라지는지 계산이 먼저 궁금했습니다.

실제로 비교해 보니 차이는 명확했습니다.

복지기금 도입 전

연간 급여 60,000,000원 + 과세되는 복리성 지출 4,000,000원
→ 공제액 : 11,038,680원
→ 실수령액 : 52,961,320원

복지기금 도입 후

연간 급여 60,000,000원 + 비과세 복지기금 4,000,000원
→ 공제액 : 10,070,520원
→ 실수령액 : 53,929,480원

즉, 같은 400만 원 혜택이라도 실수령액 차이는 무려 968,160원.

세금과 4대 보험이 붙지 않으니, 복지기금을 통해 받은 400만 원이 온전히 A 씨의 가족에게 전달된 셈이었습니다.

A 씨는 계산기를 덮으며 속으로 이렇게 생각했습니다.
"400만 원 복지라더니, 사실상 500만 원 이상의 효과를 내는구나. 병원이 진짜 숫자로 체감되는 복지를 준다."

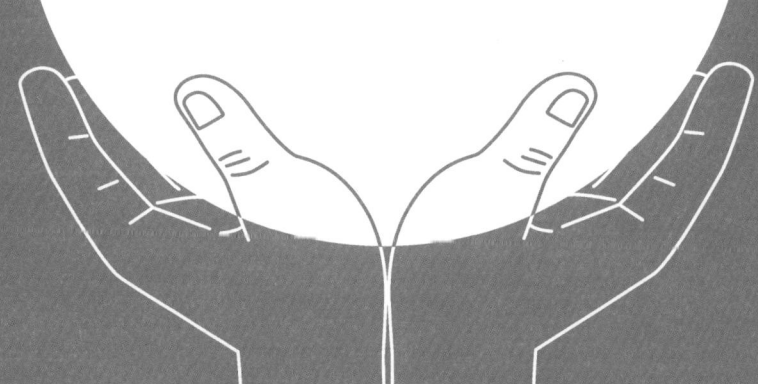

Chapter

4

내 회사
사내·공동근로복지기금
설립 가이드

복지와 절세의 비밀병기
사내근로복지기금

세무사님, 도와주세요! 사내근로복지기금 설립 일기

A 제조업체 사장님께서 어느 날 전화를 주셨습니다.

"정세무사님, 이거 꼭 좀 알려주셔야겠습니다.

사내근로복지기금을 만들고 싶은데, 도무지 어디서부터 시작해야 할지 모르겠습니다!"

말 그대로 긴급 SOS 신호였죠.

이번 장에서는 그 요청을 계기로,
A 제조업체가 사내근로복지기금을 어떻게 만들어 갔는지를 '설립 일기' 형식으로 풀어가 보겠습니다.

A 제조업 대표 : 정세무사님, 사내근로복지기금… 얘기를 듣다 보니 좋은 건 알겠는데, 막상 절차가 좀 낯설고 어렵게 느껴지네요. 우리 회사도 만들 수 있을까요?

정세무사 : 네, 대표님. 처음에는 용어도 생소하고 복잡해 보일 수 있습니다. 법인 설립, 인·허가, 위원회 같은 절차가 있으니까요.

A 제조업 대표 : 맞아요. 듣기만 해도 뭔가 까다로울 것 같은데… 괜히 시작했다가 힘들어지지 않을까 걱정됩니다.

정세무사 : 그럴 수 있습니다. 하지만 막상 하나씩 짚어보면 생각보다 단순합니다. 제가 곁에서 함께 걸어가듯 차근차근 안내해 드릴 테니, 부담 갖지 마시고 따라와 주시면 됩니다.

A 제조업 대표 : 오, 그러면 제가 그냥 큰 그림만 이해하고, 세부적인 건 하나씩 따라가면 되겠네요?

정세무사 : 맞습니다. 오늘은 설립 절차와 단계를 대표님의 눈높이에서 하나씩 풀어드리겠습니다. 걱정보다는, "우리 회사도 충분히 할 수 있구나"라는 확신을 가지실 수 있도록 안내해 드릴게요.

혼자가 아닌, 함께 정하는 약속 - 설립준비위원회 구성

A 제조업 대표 : 정세무사님, 사내근로복지기금 설립 절차에서 가장 먼저 해야 할 게 위원회 구성이라고 하셨죠? 그런데 왜 그렇게 중요한 건가요? 그냥 형식만 맞추면 되는 거 아닌가요?

정세무사 : 대표님, 오케스트라 연주를 상상해 보세요. 음악이 아

름답게 울려 퍼지려면, 무엇보다 첫 소절이 중요합니다. 처음 맞춰 보는 순간에 악단이 조화를 이뤄야, 그다음 연주도 흔들림 없이 이어질 수 있죠.

A 제조업 대표 : 아, 그러니까 처음 맞추는 순간이 중요하다는 거군요.

정세무사 : 맞습니다. 사내근로복지기금도 똑같습니다. 설립 단계에서 누가 함께하는지, 어떤 결정을 내리는지가 앞으로의 운영 방향과 신뢰를 좌우합니다.

특히 설립준비위원회는 기금 설립 단계에서 최고 의사결정 기관이에요. 초기 멤버와 첫 번째 복지제도 결정은 단순한 선택이 아니라, 회사의 복지 철학과 제도의 선율을 정하는 첫 소절과도 같습니다.

A 제조업 대표 : 그렇군요. 그러면 위원회 구성은 어떻게 해야 합니까?

정세무사 : 원칙은 간단합니다. 근로자 대표와 사용자 대표를 같은 수로 구성해야 합니다. 각각 최소 2명 이상, 최대 10명 이하로요.

근로자 대표는 반드시 현재 재직 중인 직원이어야 하고, 사용자 대표는 대표님 본인이나 대표님이 지정하신 분이 맡을 수 있습니다.

A 제조업 대표 : 단순히 숫자만 맞추면 되나요?

정세무사 : 아니죠. 여기서 중요한 건 단순한 숫자가 아니라 '함께 결정한다'는 원칙입니다.

복지가 위에서 일방적으로 내려오는 시혜가 아니라, 모두가 참여해 만드는 약속이라는 점에서 신뢰가 시작됩니다.

A 제조업 대표 : 음… 직원들이 직접 참여해서 만드는 제도라면, 확실히 믿음이 생기겠네요.

정세무사 : 맞습니다. 그래서 위원회는 단순한 의결기구가 아니라, 복지의 공정성과 투명성을 보장하는 안전장치입니다. 직원들은 이 과정을 보면서 "이건 회사가 베푸는 시혜가 아니라, 우리가 함께 만들어 가는 제도구나"라는 확신을 갖게 되죠.

대표님 회사의 경우에는 사측 위원은 대표님 본인과, 등기임원이신 배우자분이 맡으시면 딱 좋을 것 같습니다.

A 제조업 대표 : 음, 사측은 제가 직접 들어가고, 아내도 등기임원이라 참여가 가능하군요.

정세무사 : 맞습니다. 그리고 노측 위원으로는 회사를 위해 오래 근무하신 김 실장님, 또 현장에서 중요한 역할을 맡고 있는 이 부장

님이 적합할 것 같습니다. 두 분 모두 직원들 신뢰가 두터워서, 위원회가 공정하고 균형 있게 운영된다는 인상을 줄 수 있을 겁니다.

A 제조업 대표 : 듣고 보니 좋네요. 직원들 사이에서도 인정받는 분들이라 위원회에 합류하면 반발도 없을 것 같습니다.

정세무사 : 네, 맞습니다. 설립 초기 멤버 구성이 중요한 이유가 바로 이겁니다. 누가 위원으로 들어오느냐에 따라 직원들이 제도를 바라보는 시각이 달라지거든요. 이번에 추천해 드린 조합이면 신뢰도와 안정성을 동시에 잡을 수 있습니다.

제도의 선율을 맞추다 - 설립준비위원회 개최

A 제조업 대표 : 위원회 구성이 끝났으니, 이제 다음 단계는 뭔가요?

정세무사 : 이제 본격적으로 설립준비위원회를 개최해야 합니다. 여기서 제도의 틀을 하나씩 세워 나가게 됩니다.

A 제조업 대표 : 구체적으로 어떤 걸 결정하나요?

정세무사 : 가장 먼저 할 일은 **"정관 작성"**입니다. 정관은 사내근로복지기금의 뼈대이자 운영 매뉴얼 같은 문서예요. 어떤 상황에서 누구에게 복지를 제공할지, 제도의 기본 원칙과 절차를 전부 담아두는 거죠.

A 제조업 대표 : 음… 정관이 제대로 마련되어야 제도의 방향이 잡히겠네요.

정세무사 : 맞습니다. 그리고 정관이 준비되면, 기금을 실제로 운영할 **"이사와 감사를 선출"**해야 합니다. 이사들은 제도의 지휘자 역할을 하고, 감사는 제도가 공정하고 투명하게 운영되는지 살펴보는 감시자 역할을 합니다. 사내근로복지기금의 이사는 근로자와 사용자를 대표하는 같은 수의 이사로 꾸려지는데, 각 측은 3명 이내로 제한되어 있습니다.

A 제조업 대표 : 그러면 우리 회사에서는 누가 들어가면 좋을까요?

정세무사 : 대표님이 당연히 대표이사를 맡으시면 되고요. 노측에서는 오래 근무하시고 직원들 신뢰가 두터운 김 실장님이 이사로 들어가시면 좋겠습니다. 이렇게 하면 사측과 노측이 균형을 이루면서도 안정감이 생깁니다.

A 제조업 대표 : 네, 그럼 감사는 어떻게 해야 하나요? 혹시 자격제한이 있나요?

정세무사 : 감사의 경우는 자격에 특별한 제한이 없습니다. 그래서 대표님이 편하게 신뢰할 수 있는 분을 선임하시면 됩니다. 중요한 건 형식보다는 투명성과 신뢰를 확보하는 거니까요.

A 제조업 대표 : 그렇군요. 마지막으로는 예산 같은 걸 정해야겠죠?

정세무사 : 네, 맞습니다. 이제는 **"사업계획서와 예산서"**를 작성해야 합니다. 쉽게 말하면, 앞으로 1년 동안 어떤 복지 사업을 할지 계획을 세우고, 거기에 맞는 예산을 짜는 과정이죠.

A 제조업 대표 : 구체적으로는 어떤 내용이 들어가야 합니까?

정세무사 : 예를 들면, 직원 자녀 학자금 지원, 긴급 의료비 지원, 주거 대부 같은 복지 항목들을 정하고, 그걸 실행하기 위해 얼마의 예산을 배정할지를 정리하는 겁니다. 이 단계에서 직원들이 체감할 수 있는 실질적인 복지 프로그램이 결정되죠.

A 제조업 대표 : 아, 그러니까 단순히 숫자만 적는 게 아니라, 실제로 직원들한테 돌아가는 혜택을 설계하는 거군요.

정세무사 : 맞습니다. 그래서 이 과정은 그냥 서류작업이 아니라, 회사가 직원들에게 어떤 가치를 주고 싶은지 드러내는 중요한 단계입니다. 예산과 계획이 현실적으로 맞아떨어질 때, 비로소 실행력이 생기고 직원들도 체감할 수 있는 복지가 됩니다.

A 제조업 대표 : 그렇군요. 이 부분이야말로 직원들이 제일 관심 있어 하는 대목이겠네요.

정세무사 : 그래서 저는 늘 말씀드립니다. 이 순간이야말로 회사가 직원들에게 "우리는 진심으로 당신과 당신의 가족을 생각한다"는 메시지를 전하는 시간이라고요.

A 제조업 대표 : 듣고 보니 행정 절차가 아니라, 회사의 철학을 구체화하는 과정 같네요.

정세무사 : 정확합니다. 겉으로 보면 단순한 절차 같지만, 사실은 회사의 복지 가치를 제도로 옮기는 첫 번째 합주입니다. 이 과정에서 만들어진 합의는 결국 직원들에게 "우리 회사는 진심으로 나와 내 가족을 생각해주는 곳"이라는 믿음으로 되돌아오게 됩니다.

A 제조업 대표 : 사업계획서와 예산까지 세우고 나면, 이제 실제로 돈이 들어가야 할 것 같은데요. 출연금은 어떻게 정하나요?

정세무사 : 네, 맞습니다. 기금을 굴려 나가기 위해서는 먼저 회사가 출연금, 즉 씨앗자금을 넣어야 합니다. 출연금이 있어야 직원 복지 사업이 실제로 돌아가기 시작합니다.

A 제조업 대표 : 출연금은 정해진 기준이 있습니까? 최소 얼마 이상 같은 규정이요.

정세무사 : 출연금은 보통 직전연도 당기순이익의 약 5%를 기준으로 협의회에서 정하도록 되어있습니다. 따라서 법적으로 정해진

최소 금액 기준은 없고, 결국은 협의회에서 합의해 결정한 금액을 따르게 됩니다.

A 제조업 대표 : 아, 그럼 우리 회사 사정에 맞게 정하면 되겠군요.

정세무사 : 그렇습니다. 다만 한 가지 주의하셔야 할 점이 있습니다. 출연금 중 20%는 반드시 유보금으로 남겨야 합니다. 이 유보금은 단순히 묶여 있는 돈이 아니라, 추후 대부 사업이나 자산성 취득 등으로 활용할 수 있어 기금 운영의 안정성을 높여줍니다.

A 제조업 대표 : 그렇다면 처음 출연금 규모를 정하는 게 꽤 중요하겠네요. 너무 적으면 직원들이 체감하기 어렵고, 너무 많으면 회사 운영에 부담이 될 테니…

정세무사 : 맞습니다. 그래서 이 단계는 '얼마를 낼까?'라는 단순 계산이 아니라, 회사의 철학과 직원 복지에 대한 메시지를 숫자로 표현하는 과정입니다. 대표님이 어떤 그림을 그리고 싶으신지에 따라 출연금 규모를 결정하시면 됩니다.

A 제조업 대표 : 네, 이해했습니다. 결국 출연금이 우리 회사 복지 제도의 첫걸음이자, 직원들에게 보여주는 약속이 되는 거군요.

정세무사 : 정확합니다. 출연금은 돈이 아니라, 회사의 마음이 제도라는 틀 안에서 구체화 되는 순간이라고 보시면 됩니다.

제도의 문을 열다 - 설립인가, 법인등기, 사업자등록

정세무사 : 대표님, 이제 위원회 구성도 끝났고, 정관 작성, 이사·감사 선임, 사업계획서와 예산 수립, 출연금 결정까지 모두 마무리됐습니다. 이제 인가 단계로 넘어가겠습니다.

A 제조업 대표 : 네, 부탁드리겠습니다.

정세무사 : 지금까지 준비한 모든 결과물을 정리해서 노동부에 설립인가신청서를 제출하면 됩니다. 신청서를 제출하면 노동부에서 심사를 하게 되고, 보통 인가 여부는 20일 이내에 결정됩니다. 다만 실무적으로는 우편 왕복이나 행정 처리 시간을 고려하면 약 25일 정도 소요된다고 보시면 됩니다. 인가가 나오면 곧바로 법인 설립 등기 절차로 이어지게 됩니다.

A 제조업 대표 : 법인설립등기 단계도 부탁드립니다.

정세무사 : 인가증을 수령하면 3주 이내에 법인 설립 등기 절차를 밟아야 합니다. 인가만으로 끝나는 게 아니라, 법인격을 갖추는 과정을 거쳐야 비로소 독립된 기금 법인이 되는 겁니다.

A 제조업 대표 : 시간이 오래 걸리진 않습니까?

정세무사 : 등기 자체는 통상 약 1주일 내외면 완료됩니다. 다만

준비 서류가 빠짐없이 갖춰져 있어야 하고, 등기 후에는 20일 이내에 반드시 사업자등록(고유 번호증)까지 마무리해야 합니다. 그래야 기금 명의로 통장 개설, 세무신고, 회계 처리가 가능해집니다.

A 제조업 대표 : 그러니까 인가 → 법인 설립 등기 → 사업자등록, 이 순서로 가는 거군요.

정세무사 : 네, 정확히 이해하셨습니다. 이 과정을 마치면 비로소 기금은 회사와 독립된 법인으로 자리 잡게 되고, 직원 복지가 제도적으로 운영될 수 있는 토대가 완성됩니다.

A 제조업 대표 : 사업자등록증까지 나오면 끝인가요?

정세무사 : 아니요! 실제로 돈을 움직이고 복지를 집행하려면 기금 전용 통장 개설이 필요합니다.

A 제조업 대표 : 일반 회사 통장처럼 만들면 되는 건가요?

정세무사 : 네 맞습니다. 기금은 회사와 별개의 비영리 법인이기 때문에, 기금 명의로 따로 통장을 개설해야 합니다. 이 통장이 있어야 출연금을 입금할 수 있고, 각종 복지 사업 집행도 여기서 진행됩니다.

A 제조업 대표 : 어떤 은행에서 개설하는 게 좋습니까?

정세무사 : 특별한 제한은 없습니다. 다만 회사가 주 거래하는 은행에서 개설하는 게 관리상 편리합니다. 그리고 개설 시에는 반드시 법인등기부 등본, 고유 번호증, 이사회 회의록 사본 등을 준비해야 합니다.

A 제조업 대표 : 통장을 따로 두는 이유가 있나요? 회사 통장에서 바로 쓰면 안 되나요?

정세무사 : 절대 안 됩니다. 기금 운영은 회사 회계와 철저히 분리되어야 합니다. 그래야 세무상 투명성이 보장되고, 직원들도 안심할 수 있습니다. 만약 회사 통장과 섞이면 세무조사 시 문제가 될 수 있습니다.

A 제조업 대표 : 알겠습니다. 결국 전용 통장이 기금의 독립성을 보여주는 상징이 되는 거군요.

정세무사 : 맞습니다. 이 전용 계좌가 열리는 순간부터, 기금은 비로소 독립적인 법인으로서 본격적으로 숨 쉬기 시작한다고 보시면 됩니다.

이처럼 설립위원회의 역할은 기금의 초석을 다지는 데에 있습니다. 그리고 그 임무가 끝나면, 기금은 준비 단계를 넘어 본격적인 운영 단계로 나아가게 되지요.

이제 설립위원회는 그 자리를 사내근로복지기금협의회에 넘기고, 협의회는 기금의 운영 전반을 심의하고 방향을 결정하는 최고 의사결정기구로서 역할을 이어갑니다.

정관 변경, 추후의 사업계획과 예산 수립, 주요 복지정책 확정까지 이 모든 중요한 결정들이 협의회를 통해 완성됩니다.

결국, 협의회는 사내근로복지기금이 단순한 제도가 아닌, 회사와 직원이 함께 만들어 가는 살아있는 복지 공동체로 자리 잡도록 이끌어가는 든든한 나침반이 됩니다.

복지의 발자취 기록 – 운영상황보고서

A 제조업 대표 : 정세무사님, 기금이 설립된 이후에는 어떤 의무가 있습니까? 운영만 잘하면 되는 건가요?

정세무사 : 운영도 중요하지만, 정기적으로 운영상황보고서를 노동부에 제출해야 합니다. 기금이 어떻게 운영됐는지, 어떤 복지 사업이 집행됐는지를 외부에 투명하게 알리는 절차죠.

A 제조업 대표 : 아, 회사처럼 결산 보고 같은 걸 하는 건가요?

정세무사 : 비슷합니다. 매년 기금의 수입·지출 내역, 운영 실적, 잔액 등을 정리해서 보고해야 합니다. 이걸 통해 노동부는 기금이 법에 맞게 운영되는지 확인하고, 직원들은 제도가 공정하게 굴러가고 있다는 신뢰를 가질 수 있습니다.

A 제조업 대표 : 보고 주기는 어떻게 됩니까?

정세무사 : 통상적으로는 사업연도 종료 후 3개월 이내에 보고서를 제출해야 합니다. 그러니까 기금도 회사처럼 회계연도가 끝나면, 그 결과를 외부에 내놓는 셈입니다.

A 제조업 대표 : 알겠습니다. 결국 운영상황보고서는 기금이 합리적이고 법적 기준에 맞게 운용되었는지를 객관적으로 증명하는 근거이네요.

정세무사 : 정확하십니다. 대표님. 이 보고서를 통해 회사는 법적 책임을 다하고, 동시에 직원들에게도 '함께 만들어 가는 제도'라는 메시지를 줄 수 있습니다.

단독 운영의 유연함, 공동 운영의 든든함 - 공동근로복지기금

A 제조업 대표 : 정세무사님, 그런데 요즘 '공동근로복지기금'이라는 말을 자주 듣는데… 그게 뭡니까? 우리 회사 기금이랑은 다른 건가요?

정세무사 : 네, 좋은 질문입니다. 지금까지 설명드린 건 사내근로복지기금, 즉 회사 한 곳에서 단독으로 운영하는 방식이죠. 반면 공동근로복지기금은 여러 중소기업이 함께 모여서 하나의 기금을 만드는 방식입니다.

A 제조업 대표 : 아, 그러면 우리 회사 혼자 만드는 게 아니라, 다른 회사랑 같이 돈을 모아서 기금을 운영하는 거군요?

정세무사 : 맞습니다. 예를 들어, 규모가 작은 중소기업은 혼자서 큰 복지제도를 운영하기 어렵습니다. 이럴 때 여러 회사가 힘을 합치면 규모가 커지고, 더 다양한 복지사업을 할 수 있게 되는 거죠.

A 제조업 대표 : 오, 그럼 우리 같은 제조업 중소기업도 인근 기업들과 힘을 합치면 더 큰 효과를 낼 수 있겠네요.

정세무사 : 그렇습니다. 실제로 정부에서도 공동근로복지기금을 장려하고, 출연금에 대한 세제 혜택도 동일하게 적용됩니다. 무엇보다 직원 입장에서는 회사 규모와 상관없이 큰 기업 수준의 복지 혜택을 누릴 수 있다는 장점이 있습니다.

A 제조업 대표 : 흠… 듣고 보니 우리 회사 상황에 따라서 단독 설립이랑 공동 설립을 비교해 볼 필요가 있겠네요. 그럼 사내근로복지기금이랑 공동근로복지기금은 구체적으로 뭐가 다른 건가요?

정세무사 : 간단히 말씀드리면, 운영 주체와 규모에서 차이가 있습니다. 사내근로복지기금은 한 회사가 단독으로 운영합니다. 그래서 회사 상황과 직원 특성에 맞춰 맞춤형 복지를 설계할 수 있죠.
반면, 공동근로복지기금은 여러 중소기업이 모여 공동으로 운영합니다. 혼자서는 감당하기 어려운 복지 항목도 공동 기금이라면 가능해지고, 운영 규모가 커집니다.

A 제조업 대표 : 아, 그러니까 단독은 우리 회사만의 복지제도고, 공동은 다른 회사들과 함께 하는 제도군요.

정세무사 : 맞습니다. 단독은 우리 회사만의 철학과 문화를 담을 수 있는 장점이 있고, 공동은 규모의 경제와 다양한 복지사업을 할

수 있다는 장점이 있습니다. 다만 공동기금은 여러 기업이 함께 의사결정을 하다 보니, 우리 회사 사정만 100% 반영하기는 어렵다는 한계도 있습니다.

A 제조업 대표 : 음… 결국 선택은 우리 회사 여건과 복지 방향성에 따라 달라지겠네요.

정세무사 : 정확하십니다, 대표님. 회사 규모와 직원 수, 원하는 복지 수준을 고려해서 단독 설립과 공동 설립 중 어떤 게 더 적합한지 결정하시면 됩니다. 그리고 만약에 대기업이 본인 회사 외 다른 상생중소기업의 공동기금에 출연한다면 법인세 세액공제(10%)[3]를 받을 수 있고, 동반성장지수 가점(최대 1점)도 부여됩니다. 이건 단순한 복지제도를 넘어서 ESG 경영과 연계된 전략적 무기입니다. 그리고 정부 역시 근로복지진흥기금 등을 통해 기금 운영비를 지원하고 있습니다.

두 가지 모델 – 공동근로복지기금

A 제조업 대표 : 설명을 들으니 괜찮아 보이긴 하는데… 실제 현장에서 이런 기금이 잘 운영되는 경우도 있나요?

정세무사 : 네, 대표님. 실제로는 두 가지 대표적인 모델이 많이 활

---

3) 조세특례제한법 제8조의3 [상생협력을 위한 기금 출연 등에 대한 세액공제] 제1항 제3호

용되고 있습니다.

첫 번째는 '원-하청 간 설립 모델'이에요.

예를 들어 대기업 A가 있고, 협력사 B, C, D가 있다고 해보죠. A 기업이 일정 출연금을 공동기금에 넣고, 협력사들도 소액을 출연합니다. 이렇게 모인 기금은 네 기업의 근로자들을 위해 장학금이나 재난구호금 같은 복지사업에 쓰이게 됩니다. 이 방식에서는 A 기업은 세액공제 혜택과 동반성장지수 가점을 받고, 협력사들은 복지를 제공할 수 있으며, 근로자들은 실질적인 도움을 받는 구조가 만들어집니다.

두 번째는 '중소기업 연합형 모델'입니다.

같은 지역이나 업종의 중소기업들이 힘을 모아 공동으로 기금을 설립하는 방식이죠. 예를 들어, 같은 구의 제조업체 5곳이 연합해 복지기금을 만들고, 대표 사업주 한 명을 정해 관리와 운영을 맡기는 구조입니다. 이 모델은 복지의 필요성은 절실히 느끼지만, 단독으로 운영하기에는 부담이 큰 중소기업들이 특히 선호하는 방식입니다.

A 제조업 대표 : 아, 그러니까 대기업 중심의 상생형도 있고, 비슷한 규모의 회사들이 힘을 모으는 방식도 있다는 말씀이군요.

정세무사 : 맞습니다 대표님. 이 두 가지가 지금 현장에서 가장 대표적으로 쓰이는 공동근로복지기금 모델이에요.

사내근로복지기금, 100% 활용법

복지와 절세의 비밀병기
사내근로복지기금

"우리 업종에도 사내근로복지기금이 정말 필요할까요?"

이 질문은 제가 현장에서 가장 자주 듣는 이야기입니다.

병원, 학원, 제조업, 스타트업, 건설현장, 연구소, 물류회사, 심지어는 사회복지기관까지도 말이죠.

대표님들은 늘 고민합니다.
"우리 업종은 조금 다르지 않나?", "이게 과연 우리에게도 효과가 있을까?" 하고요.

어떤 대표님은 말씀하셨습니다.
"직원 복지를 챙겨야겠다는 생각은 있는데, 우리처럼 작은 병원에서도 이걸 제대로 활용할 수 있을지 모르겠어요."

또 다른 스타트업 대표님은 이렇게 물었습니다. "성과급 대신 뭘 줄 수 있을까요? 급여 말고는 해줄 수 있는 게 별로 없거든요." 이처럼 각자의 업종마다, 상황마다 고민은 다르지만, 결국 핵심은 같습니다.

직원을 위한 무언가를 제대로 해보고 싶다. 그리고 그것이 나에게도 이익이 되는 방식이면 좋겠다는 것입니다.

결론부터 말씀드리면, 복지기금은 업종의 크기나 성격보다도, '직원이 있고 급여를 지급하는 구조'라면 충분히 활용 가능합니다.

오히려 업종별 특성을 고려해 복지기금을 설계하면, 일반적인 급여 인상보다 훨씬 더 큰 만족도와 절세효과를 기대할 수 있습니다.

더군다나, 복지기금으로 지급하는 항목은 대부분 비과세로 인정받는 경우가 많기 때문에, 직원은 실질임금이 높아지는 기분을 느끼고, 대표는 세금과 4대 보험 부담을 줄일 수 있는 구조가 됩니다.

이번 장에서는 다양한 업종별로 사내근로복지기금을 어떻게 도입하고, 실제로 어떻게 활용하면 좋은지에 대해 이야기하려고 합니다.

가족경영 구조가 많은 병원, 고학력 전문직이 많은 연구소, 성과 중심의 스타트업, 반복 노동이 많은 제조업, 현장 중심의 건설업, 교육기관과 물류업, 도매법인과 사회복지법인까지.

각 업종마다 사람을 다루는 방식이 다르듯이, 복지를 설계하는 방식도 달라야 합니다.

성과급처럼 일회성으로 지급하는 방식이 아닌, 직원에게 실질적인 가치를 전하면서도 세금 부담은 줄이는 구조.

바로 그것이 사내근로복지기금이 가진 힘입니다.

이 장에서는 업종별 특성을 고려한 전략적 활용법을 통해, 대표님들께 가장 현실적이고 실행 가능한 답을 드리고자 합니다.

각 업종에서 어떤 복지 항목이 효과적인지, 어떻게 제도화할 수 있는지, 그리고 어떤 점에 주의해야 하는지도 함께 안내드릴 예정입니다.

우리 업종에 맞는 복지의 형태는 무엇일지, 이제 그 답을 함께 찾아가 보겠습니다.

업종 따라 달라지는
복지기금의 마법

의료업

병원 원장님들과 처음 만나 상담을 하다 보면, 꼭 이런 말씀을 듣습니다.

"선생님, 우리 병원 같은 데도 사내근로복지기금이 가능한가요? 우리는 직원도 많고 급여도 큰데, 이걸 어떻게 활용할 수 있을지 잘 모르겠어요."

병원은 사실 사내근로복지기금을 운영하기에 가장 유리한 구조를 가진 업종 중 하나입니다.

그런데도 아직 많은 병·의원에서 이를 제대로 활용하지 못하고 있는 현실은 안타까운 일입니다.

이 장에서는 병원이라는 업종이 왜 복지기금과 잘 맞는지, 그리고 어떻게 운영하면 좋은지 아주 쉽게 풀어 설명하겠습니다.

먼저 병원의 인건비 구조부터 살펴보죠. 병원은 다른 업종보다 인건비 비중이 정말 높습니다.

의사, 간호사, 코디네이터, 행정실 직원 등 대부분이 고정급을 받는 정규직이거나 장기계약직입니다.

진료 수입 중에서 인건비가 차지하는 비중이 무려 40~60%에 달하죠.

예를 하나 들어볼까요? 서울에 있는 한 개인 의원에서는 매출이 월 2억 원인데, 그중 1억 원 이상이 직원 급여로 나간다고 합니다.

이쯤 되면 인건비를 어떻게 효율적으로 설계하고 절세할 수 있을지가 병원 경영의 핵심이 되는 셈이죠.

병원의 세무 구조도 복지기금 활용과 밀접하게 연결되어 있습니다.

많은 병·의원이 개인사업자 형태로 운영되고 있습니다. 왜냐하면 의료법상 법인 설립이 엄격하게 제한되기 때문이죠.

일반 사업자라면 법인 전환을 고려할 수 있겠지만, 병원은 그게 어렵습니다.

그래서 세무 전략도 소득세 위주로 짜야 하고, 비용 처리를 어떻게 하느냐가 관건입니다.

복지기금은 이런 상황에서 아주 효과적인 도구가 됩니다.

복지기금으로 지급되는 항목들은 필요경비로 인정받으면서도, 직원 입장에서는 비과세로 수령할 수 있는 경우가 많기 때문이죠.

예를 들어 명절 선물비, 자녀 학자금, 본인 및 가족 의료비 등은 복지기금으로 처리하면 병원장님의 세부담도 줄이고, 직원은 만족감을 얻는 구조가 만들어집니다.

병원은 가족이 함께 일하는 경우가 많습니다.

원장님의 배우자나 자녀가 행정직이나 간호보조로 일하는 병원은 정말 흔하죠.

문제는 세법상 가족에게 급여를 지급하려면 '실제로 일하고 있다'는 걸 입증해야 하고, 급여 수준도 시장가격에 맞아야 한다는 겁니다.

이게 쉽지 않다 보니 종종 세무조사에서 문제되는 사례도 많습니다.

그런데 복지기금은 이런 가족 인건비 문제를 유연하게 풀 수 있는 수단이 됩니다.

급여 외에 복지 항목으로 지원이 가능하니, 인건비와 복지를 적절히 나눠서 설계하면 세무상 리스크도 줄이고 실질적인 지원도 가능해집니다.

인사관리 측면에서 복지기금은 병원에 꼭 필요한 제도입니다.

간호사나 코디네이터 등은 업무 강도가 높고 이직률도 매우 높은 편입니다.

그런데 병원의 서비스 질은 결국 오랫동안 함께 일한 직원이 쌓아가는 것이기 때문에, 장기근속을 유도하는 복지가 매우 중요합니다.

그런데 현실은 어떨까요? 병원은 일반 기업처럼 복리후생 제도가 잘 갖춰져 있지 않습니다.

급여 외에 해줄 수 있는 게 거의 없는 구조죠. 이럴 때 복지기금은 새로운 해결책이 됩니다.

3년 이상 근무한 직원에게 장기근속 격려금, 명절 선물비, 가족 의료비 지원, 자녀 학자금 등을 제도적으로 지급할 수 있다면, 직원 입장에서도 병원을 '오래 다닐 만한 직장'으로 느끼게 됩니다.

실제로 제가 컨설팅했던 지방의 한 치과에서는 복지기금 도입 후 1년 만에 직원 이직률이 절반으로 줄었습니다.

이전에는 매년 2~3명씩 퇴사하던 간호조무사들이 "병원에서 이렇게 신경 써주는 게 고맙다"며 자발적으로 근속을 이어간 사례였습니다.

이처럼 병원은 사내근로복지기금과 정말 궁합이 잘 맞는 업종입니다.

병원의 인건비 구조, 세무 구조, 가족경영 특성, 인사관리 문제까지-복지기금은 이 모든 요소에 해답을 줄 수 있는 제도입니다.

복지기금은 단순히 세금을 줄이는 수단이 아닙니다. 직원에게는 따뜻한 복지로, 원장님에게는 전략적인 경영도구로 작용하는 강력한 제도입니다.

연구소

"연구소 같은 데도 복지기금이 가능한가요?"

저에게 이런 질문을 하시는 분들 중에는, 연구소는 정부 과제나 공공 프로젝트에 의존하는 경우가 많고, 민간 기업처럼 복잡한 인사·노무 전략이 필요 없다고 생각하시는 경우가 많습니다.

하지만 실제로는 정반대입니다. 연구소야말로 사람 한 명 한 명의 몰입도와 충성도가 곧 성과로 이어지는 조직이기 때문에, 장기적인 시각에서의 복지 설계가 꼭 필요한 곳입니다.

한 번 상상해 보세요. 석사, 박사 학위까지 마치고 연구소에 입사한 A 연구원이 있다고 합시다.

그는 지금 맡고 있는 과제에 몰입하고 있지만, 동시에 내년부터 어떤 연구를 하게 될지, 3년 후에도 지금처럼 대우받을 수 있을지를 걱정하고 있습니다.

연봉 협상도 중요하지만, '이 조직이 나를 얼마나 인정해 주는가', '여기서 얼마나 성장할 수 있을까'가 그의 마음을 움직입니다.

이럴 때 단순한 급여 인상이 아니라, 학회 참석비 지원, 자기 계발비 지급, 자녀 교육비 같은 실질적인 복지 지원이 있다면 어떨까요?

연구소는 고학력, 고 전문직 인력이 다수 포진해 있는 곳입니다.

이들은 단순히 돈을 벌기 위한 직장이 아니라, 자신의 역량을 펼치고 연구에 몰입할 수 있는 환경을 원합니다.

그런데 이런 연구소들이 겪는 공통적인 어려움이 하나 있습니다.

바로 복지 시스템이 약하다는 점입니다.

정부 출연기관이 아닌 이상 별도의 복지 예산을 잡기도 쉽지 않고, 복지 규정이 없으면 어떤 비용도 직원에게 쉽게 지원하기 어렵죠.

이럴 때 사내근로복지기금은 훌륭한 해답이 됩니다.

연구소가 일정 자금을 복지기금으로 출연하면, 이 기금을 활용해 다양한 복지를 정기적으로 제공할 수 있습니다.

복지기금은 말 그대로 복지를 위한 기금이기 때문에, 복지에 명확한 목적이 있고 사규에 근거가 있으면 전액 비용으로 인정되면서도 직원에게 비과세로 제공할 수 있는 경우가 많습니다.

직원 입장에서는 연봉이 오르는 것보다 실제 체감하는 만족도가 높고, 경영진 입장에서도 복지비 총액을 조절하면서 조직 만족도를 높일 수 있는 구조인 것이죠.

실제로 제가 컨설팅했던 서울의 한 민간 바이오 연구소에서는 복지기금 도입 1년 후 이직률이 40% 가까이 감소했습니다.

이전까지는 매년 4~5명씩 퇴사하던 중견 연구원들이 "이번 학회 때 복지기금으로 항공료와 숙박비 지원을 받았다"며 조직에 대한 만족도를 표현했습니다.

또 다른 케이스로는, 복지기금으로 연구원 자녀의 입시컨설팅 비용 일부를 지원해준 사례가 있었는데, 해당 직원은 "이 정도면 대기업 부럽지 않다"며 장기근속을 약속했습니다.

연구소의 특성상 수익을 직접 창출하기보다 프로젝트 수주를 통해 예산을 확보하는 경우가 많다 보니, 복지를 고민할 여유가 없다고 느끼는 경우도 많습니다.

하지만 복지기금은 그렇게 큰 금액이 필요하지 않습니다. 연간 수천만 원 규모라도 전략적으로 항목을 구성하면, 직원 개개인이 '내가 존중받고 있다'는 감정을 느끼게 됩니다.

결국 복지기금이 중요한 이유는 단 하나입니다. 연구원이 조직 안에서 성장할 수 있는 환경을 만들어주는 것, 그것이 결국 연구소의 경쟁력이고 지속 가능성입니다.

제조업 (중소·중견)

"대표님, 요즘 외국인 근로자 퇴사율이 너무 높습니다. 왜 그런지 아세요?"

경기도에 있는 한 금속 부품 가공업체의 인사담당자가 저에게 조심스레 꺼낸 이야기입니다.

단순 반복 작업에 익숙해질 즈음, 직원들은 더 높은 급여를 찾아 퇴사하거나, 사소한 복지나 대우 문제로 불만을 쌓고 결국 이직하게 된다고 했습니다.

제조업, 특히 중소·중견 규모의 제조업체는 인건비 부담이 매우 큽니다.

업종 특성상 자동화가 어려운 현장 작업이 많고, 일정한 고정급 구조로 운영되기 때문에 인건비가 매출 대비 40% 이상을 차지하는 경우도 흔합니다.

그런데도 복지제도는 거의 없거나, 있어도 명절 선물이나 생일 케이크 정도에 그치는 경우가 많습니다.

특히 최근에는 외국인 근로자들도 4대 보험 가입을 요구하는 경우가 많아졌습니다.

과거에는 보험료 부담 때문에 기피 대상이었던 4대 보험이 이제는 기본적인 처우의 기준으로 인식되고 있는 겁니다.

이는 역으로, 외국인 근로자도 사내근로복지기금의 수혜 대상이 될 수 있다는 뜻입니다.

복지기금으로 의료비, 보육비, 명절비 등을 설계하면 한국인과 외국인 모두에게 '공평한 복지'를 제공할 수 있는 기반이 됩니다.

이럴 때 사내근로복지기금은 매우 현실적이고 효과적인 도구가 될 수 있습니다.

실생활과 연결된 항목들은 퇴사율을 낮추고, 노무 갈등을 미연에 방지하는 데 탁월한 효과가 있습니다.

또한 중소 제조업은 비용 통제가 매우 중요한데, 복지기금은 일반 급여보다 훨씬 유연하게 설계할 수 있고, 기금 출연분도 전액 손금 처리가 가능합니다.

인건비 총액은 유지하면서도 체감 만족도는 높이는 전략이 가능한 셈이죠.

서울 외곽에 위치한 한 인쇄소 대표님은 복지기금 도입 후 이렇게 말했습니다.

"예전에는 직원 생일 챙겨주면 고마워하긴 했는데, 이젠 '여기 회사 복지 있는 회사예요'라고 본인들이 자랑하더라고요.

복지기금 만들고 나서 마음가짐이 달라졌습니다."

제조업은 '복지'라는 단어와 거리가 멀게 느껴질 수 있습니다.

하지만 매일 똑같은 작업, 단순한 구조, 바뀌지 않는 급여 속에서도 직원들이 회사에 정을 붙이게 만드는 힘. 그건 복지에서 시작됩니다.

건설업

"현장직 직원들이 자꾸 바뀌니까 공사 일정 맞추는 것도 전쟁이에요."

서울 외곽에서 건축업을 운영하는 대표님의 말입니다. 일은 늘 있는데, 사람을 구하기가 너무 어렵다는 말이었습니다.

특히 단기 계약직이나 외국인 근로자가 많은 현장에서는 '한 사람이라도 오래 다녀줬으면 좋겠다'는 게 솔직한 심정입니다.

건설업의 인건비 구조는 일반 업종과 다릅니다. 급여 구조가 고정급보다는 실적 중심이거나, 일당 형식으로 정산되는 경우가 많습니다.

게다가 4대 보험을 꺼리는 문화도 여전합니다. 근로자 입장에서는 보험료가 실수령액을 줄이고, 사업주 입장에서도 부담이 되기 때문이죠.

그렇다고 무작정 4대 보험 없이 운영하다 보면, 사고나 분쟁이 생겼을 때 법적 리스크는 모두 회사가 떠안게 됩니다.

이럴 때 '사내근로복지기금'은 부담 없이 처우를 개선할 수 있는 현실적인 솔루션입니다.

최근에는 외국인 근로자들도 4대 보험 가입을 선호하고 있습니다.

제도권 안에서 일하고, 자녀 양육이나 의료지원 같은 복지 혜택을 받길 원하죠. 사내근로복지기금은 이런 니즈에 딱 맞는 제도입니다.

한 지방의 중형 건설사는 복지기금 도입 후, 계약직 근로자 중 절반 이상이 연장 근무를 자발적으로 선택했다고 합니다.

대표님은 이렇게 말했죠. "일한 만큼만 주는 게 능사가 아니더라고요. 마음 써주는 게 더 오래 남는다는 걸 이제 알았어요."

건설업의 경쟁력은 결국 '사람'입니다. 좋은 인력이 오래 남아야 기술도, 신뢰도, 수익도 따라옵니다.

사내근로복지기금은 단순한 제도를 넘어, 회사를 믿고 따르게 만드는 가장 현실적인 복지 전략입니다.

IT / 스타트업

"우리 회사는 성과 중심인데, 자꾸 급여 말고 복지를 찾는 이유가 뭘까요?"

한 스타트업 대표님의 질문입니다.

개발자, 기획자, 디자이너 등 각 부서에서 모여 빠르게 성장하는 IT 업계에서는 '연봉 인상'보다 '지속 가능한 몰입 환경'을 원한다는 목소리가 점점 커지고 있습니다.

실제로 IT 기업의 인건비 구조는 독특합니다. 기본급보다는 성과급이나 스톡옵션 등 유연한 보상이 많고, 업무 자체도 창의성과 몰입이 중요한 구조죠.

그런데 이럴수록 '보이지 않는 피로'와 '조직 이탈' 위험이 커집니다. 여기서 사내근로복지기금은 직원의 마음을 붙잡을 수 있는 강력한 도구가 됩니다.

또 하나 주목할 점은, IT 업계 종사자들의 연령대입니다. 20~30대의 비교적 젊은 직원이 다수를 차지하며, 이들은 급여뿐 아니라 경험, 성장, 환경 또한 중시하는 경향이 강합니다.

즉, 단순히 돈을 많이 주는 회사보다, '나를 성장시켜 주는 회사', '심리적으로 안정감을 주는 회사'를 선호합니다.

복지는 이 세 가지를 모두 충족시켜 줄 수 있는 전략입니다.

단순한 급여 인상이 아닌, "회사가 우리를 배려한다"는 감정적 메시지를 줄 수 있다는 점에서 인사 전략으로 매우 효과적입니다.

사내근로복지기금을 통한 복지는 소득세 대상이 아니며, 직원 입장에서는 실수령액에 가까운 실질 혜택입니다.

예를 들어, 10만 원짜리 명절 상품권은 실질적으로는 '세후 13~15만 원 급여 인상 효과'와 맞먹는 만족도를 줍니다.

또한 복지기금은 기업 브랜딩에도 기여합니다.

"우리 회사는 사내 복지기금이 있어서 매년 자기 계발비를 지원해 준다"는 말은 인재 영입에도 긍정적 메시지가 됩니다.

'성과급'이라는 단기 보상에서 '케어'라는 장기 동기 부여로 전환하는 것이죠.

실제로 한 IT 기업은 복지기금으로 연 1회 해외 연수비와 명절 기념품을 지급한 결과, 개발직 이직률이 68% 감소했습니다.

성과를 측정하기 어려운 창의 직군일수록, 복지의 온도가 조직 충성도로 직결된 것입니다.

빠르게 성장하는 IT 업계일수록 '성과 보상'만으로는 조직을 지탱하기 어렵습니다.

사내근로복지기금은 실질적이면서도 감성적인 복지 전략으로, 이직률을 낮추고 몰입도를 끌어올리는 데 탁월한 수단입니다.

사회복지법인 / 교육기관

"우린 비영리 기관이라 복지는 하고 싶어도 예산이 너무 빠듯해요."

장애인 복지관을 운영하는 한 원장님의 말입니다.

예산은 대부분 정부 보조금과 후원금으로 충당되며, 사업별로 사용 목적이 정해져 있어 직원 복지에는 손을 대기 어려운 현실이었습니다.

비슷한 어려움은 어린이집, 유치원, 지역아동센터 등 교육·보육기관에서도 반복됩니다.

실제로 현장에서 일하는 복지사, 교사, 운영직원의 처우는 매우 열악한 편입니다.

과중한 업무와 낮은 급여에도 불구하고 사명감 하나로 버티는 경우가 많죠.

하지만 이런 기관일수록 사내근로복지기금이 더욱 필요합니다.

복지기금은 비영리 법인도 설립이 가능하며, 법적 근거와 절차만 갖추면 제한 없이 운영할 수 있습니다.

특히 공공 지원금이 아닌 자체 수익사업(예 : 위탁급식, 교육프로그램, 특강 등)에서 발생한 수익 일부를 활용해 기금을 조성하면, 별도의 예산 충돌 없이 안정적인 복지재원을 확보할 수 있습니다.

특히, 사회복지·교육 분야는 인력 이탈이 잦고, 업무 강도는 높은 반면 복지는 매우 부족한 업종입니다.

그렇기에 사내근로복지기금은 단순한 '수당'이 아니라, 마음을 붙잡는 '신뢰의 장치'가 됩니다.

서울의 한 유치원은 매달, 사내근로복지기금으로 모든 교사에게 '수고했어요'라는 손 편지와 함께 복지비를 전달합니다.

그 유치원의 원장은 이렇게 말했습니다.

"작은 정성이지만, 선생님들이 눈시울을 붉히더라고요. 우리는 아이만 챙겼지, 선생님은 못 챙겼다는 걸 그제야 알았어요."

복지를 복지답게 만드는 것, 그 출발점은 바로 사람에 대한 배려입니다.

사회복지법인과 교육기관도 이제는 사내근로복지기금을 통해 '돌봄의 사람'을 돌보는 복지 설계를 시작할 수 있습니다.

인력파견업 / 용역업 / 아웃소싱

"우리 업종은 매출이 곧 인건비예요."

실제로 인력파견업, 용역업, 아웃소싱업은 업종 구조 자체가 '사람을 파견해 일한 만큼 받는' 형태입니다.

매출의 85~90%가 인건비로 구성될 정도로 인건비 비중이 절대적이며, 인건비 효율성과 정산 체계가 곧 사업의 경쟁력으로 직결됩니다.

예를 들어 건물 미화, 보안 경비, 생산 라인 파견 등 수많은 현장에서 인력을 운영하는 중소·중견 파견사는, 정규 인력의 이직률과 처우가 수주 경쟁력에 큰 영향을 줍니다.

하지만 그동안 복지 수준은 대부분 '최저 기준'에 머물러 있었고, 차별화된 복지 전략은 사실상 전무했습니다.

이런 구조에서 사내근로복지기금은 게임 체인저가 될 수 있습니다. 법인 형태로 운영되면서도 인건비 총액이 크기 때문에, 복지기금 도입만으로도 세제 혜택과 조직 관리 두 마리 토끼를 잡을 수 있습니다.

또한, 파견·용역업은 조직에 대한 소속감이 약하다는 단점을 복지로 보완할 수 있습니다.

복지기금 운영을 통해 "우리는 단순히 일만 시키는 회사가 아니라, 당신의 삶도 챙기는 곳"이라는 메시지를 전달하면, 고객사에 대한 충성도 못지않게 본사에 대한 소속감도 함께 높아집니다.

한 인력파견 업체는 복지기금을 활용해 매년 여름, 무더위 속에서 고생하는 현장 근로자들에게 냉방용품과 함께 '건강 잘 챙기세요'라는 메시지가 담긴 작은 선물 키트를 전달하고 있습니다.

이 깜짝 복지에 직원들은 "회사에서 나를 기억해 준다는 느낌이 든다"며 실제로 여름철 이직률이 크게 낮아졌다는 효과도 있었습니다.

'비용'이 아닌 '복지'로 직원과 소통하는 회사. 인력 중심 업종일수록 사내근로복지기금은 더 정직하고 효과적인 도구가 됩니다.

교육 서비스업 (학원, 평생교육기관 등)

"선생님이 계속 바뀌니까 학부모들이 불안해하더라고요."

서울의 한 영어학원 원장이 털어놓은 고민입니다. 교육 서비스업은 사람 중심의 산업입니다.

특히 강사가 곧 브랜드이고, 수강생의 만족도는 곧 재등록률로 이어집니다.

하지만 정작 그 핵심 인력인 강사들의 복지는 매우 제한적입니다.

학원, 교육원, 문화센터 등 교육 서비스 업종은 법인 또는 개인사업자 형태로 다양하게 운영되고 있으며, 상당수는 고정급 중심 정규직 강사와 시간제 강사 혼합 구조를 가집니다.

이 중 정규 강사 또는 주된 핵심 강사들의 장기근속이 매우 중요한 요소입니다.

그러나 현실은 이직률이 매우 높고, 복지 제도는 거의 없는 상태가 대부분입니다.

여기서 사내근로복지기금이 해법이 될 수 있습니다.

기금은 급여로는 다 해결할 수 없는 '심리적 동기부여'를 가능하게 하며, 직원 만족도와 조직 안정에 큰 역할을 할 수 있습니다.

또한 교육 업종은 학생·수강생과의 장기적 관계 유지가 핵심이기 때문에, 강사의 지속 근속은 곧 매출 안정성과 직결됩니다.

기금을 통해 강사들의 정서적 소속감과 보상을 높여주는 전략은, 결국 학원 운영의 지속 가능성을 높이는 실질적 방안이 됩니다.

한 학원은 사내근로복지기금을 활용해 강사들의 강의 역량 강화를 위한 '전문 강사 성장 프로그램'을 운영하고 있습니다.

외부 유명 연사의 강의법 세미나, 최신 교육 트렌드에 맞춘 실습형 워크숍, 강사 간 피드백 세션 등이 포함되며, 참가비는 전액 기금으로 지원됩니다.

프로그램에 참여한 한 강사는 "그동안 나 혼자 수업을 개척해왔는데, 이렇게 제대로 배울 수 있는 기회가 생기다니 놀랍고 감사하다."며, "내 강의가 달라졌다는 학생들의 반응을 보며 뿌듯함을 느낀다."고 말했습니다.

그 결과, 해당 학원은 지난해 대비 약 50%에 달하는 매출 상승을 이루게 되었습니다.

대기업 / 공기업

최근 한 중견 제조기업의 인사담당자는 이렇게 말했습니다. "복지기금 없으면 채용 설명회에서부터 경쟁력이 떨어집니다."

이미 많은 대기업과 공기업은 오래전부터 사내근로복지기금을 도입해 안정적인 복지 체계를 구축해왔습니다.

기금 자체가 임·직원들에게 익숙한 제도로 자리 잡았고, 복지 수준은 곧 기업의 브랜드 이미지와 직결됩니다.

특히 최근에는 청년층의 눈높이에 맞춘 복지 설계가 필수가 되었습니다.

취업 준비생들은 이제 연봉보다도 '어떤 복지를 누릴 수 있느냐'를 더 많이 묻습니다.

명절 상여, 주택자금 대출, 가족 의료비 지원, 사내 어린이집 운영 등 기존 제도 외에도, 사내근로복지기금에서 제공하는 복지 항목이 곧 '회사 선택의 기준'이 되는 시대입니다.

실제로 모 공기업의 신입사원 설문조사 결과, "복지기금이 있다는 점이 입사 지원의 결정적 계기가 되었다"는 응답이 절반 가까이 차지했습니다.

이제는 선택이 아니라 생존의 문제입니다.

앞으로의 대기업과 공기업은 단순한 복지 제공을 넘어, 기금 운영을 통해 조직문화와 인재 유입의 선순환 구조를 만들어야 합니다.

사내근로복지기금은 그 첫 출발점이 될 수 있습니다.

기업 상황에 따라 달라지는 복지기금의 힘

신설 사업장

"첫 직원을 뽑고 나서, 점심시간에 조용히 앉아 있는 걸 봤어요. 말은 없었지만, 속으로는 '이 회사 계속 다녀도 되나?' 하고 있는 것 같더라고요."

서울에 있는 한 신설 IT 스타트업 대표가 들려준 이야기입니다.

직원이 많지 않은 작은 회사일수록, 한 명 한 명의 존재감이 큽니다.

하지만 급여나 복지제도가 잘 갖춰진 대기업과 비교하면, 신설 사업장은 턱없이 부족해 보일 수밖에 없습니다.

이럴 때 사내근로복지기금은 작은 회사가 직원에게 줄 수 있는 가장 '진심 어린 보상'이 될 수 있습니다.

복잡한 시스템이나 높은 비용이 필요한 것도 아닙니다.

회사가 작기 때문에 오히려, 단 한 사람을 위한 복지 설계도 충분히 가능하다는 점이 가장 큰 장점입니다.

한 신설 디자인 스튜디오는 복지기금을 활용해 매달 마지막 주 금요일에 팀원 전원이 함께 근처 독립 서점을 방문하고, 카페에서 아이스 브레이크 시간을 갖는 문화 데이를 운영했습니다.

무언가 대단한 프로그램은 아니었지만, 처음 입사한 1~2년 차 직원들은 "우리 회사는 우리가 중심인 조직이라는 느낌을 받았다"고 말했습니다.

특히 대표가 직접 소소한 책 선물을 건넨 날에는, 팀원 모두가 단체 채팅방에 인증샷을 올리며 작은 감동을 공유했다고 합니다.

신설 사업장에서 사내근로복지기금은 단순한 복지제도가 아닙니다.

'우리 회사는 작지만, 당신을 소중히 생각한다'는 메시지를 전달하는 강력한 수단입니다.

초기 직원의 만족감과 소속감은 곧 그 회사의 첫 문화가 되고, 성장의 기초가 됩니다.

단 한 명을 위한 복지라도 정성껏 설계한다면, 그것이 바로 브랜드

보다 강한 첫인상이 될 수 있습니다.

고용안정이 급한 상황

"최근 6개월 사이에 직원 4명이 퇴사했습니다. 아침마다 누가 또 그만두겠다는 말을 꺼낼까 봐 무섭습니다."

서울에 있는 한 50인 미만 기업의 인사담당자가 털어놓은 말입니다.

구조조정 이후 침체된 분위기, 연이은 이직, 사라진 팀워크.

이 시기 조직은 말로는 다독일 수 없는 상처를 안고 있습니다.

'더는 여기에 미래가 없다'는 암묵적인 불안감이 직원들 사이에 퍼지고 있을지도 모릅니다.

이럴 때, 사내근로복지기금은 회복의 첫 단추가 될 수 있습니다.

급여 인상 없이도 '회사가 우리를 챙기고 있다'는 메시지를 줄 수 있는 몇 안 되는 제도이기 때문입니다.

예를 들어, 한 제조업체는 구조조정 이후 사내근로복지기금을 활용해 전 직원을 대상으로 '가족 돌봄 복지'를 시작했습니다.

자녀 학원비 지원, 부모 병원비 실비 보전, 배우자 건강검진 등 가족을 위한 복지 항목이 준비됐고, 직원들은 "급여보다 이런 복지가 훨씬 큰 힘이 된다"고 입을 모았습니다.

또 다른 중소기업은 내부 결속 강화를 위해 팀 단위 힐링 워크숍과 문화생활 지원 제도를 도입했습니다.

사내 동호회, 미니 음악회, 영화 관람 등의 소소한 활동이 이어지자 팀 분위기가 조금씩 달라졌고, 퇴사율도 현저히 감소했습니다.

이 시기의 복지는 절대 화려하거나 과할 필요가 없습니다. 오히려 작고 소박하지만 '회사가 아직 우리를 포기하지 않았다'는 정서적 메시지가 중요합니다.

사내근로복지기금은 그런 메시지를 제도라는 형태로 전달할 수 있는 가장 효과적인 수단입니다.

지금 당신의 조직이 흔들리고 있다면, 복지기금으로 그 중심을 다시 붙잡을 수 있습니다.

정년 앞둔 고령 근로자 다수 기업

"이 나이에 어디서 다시 일하겠어요. 이제 그만두면 끝인데…"

한 공장의 60대 직원이 정년을 두 달 앞두고 꺼낸 말입니다.

그는 20년 넘게 묵묵히 현장을 지켜온 숙련자였습니다. 매년 건강은 조금씩 쇠약해졌고, 최근에는 아내의 병간호까지 병행하고 있었습니다.

회사를 떠날 준비를 하면서도, 마음 한구석은 허전하고 씁쓸하기만 했습니다.

이런 상황에서 사내근로복지기금은 단순한 복지를 넘어, '마지막까지 회사를 함께 지킨 동료'에 대한 따뜻한 인사이자 작별의 손 편지가 될 수 있습니다.

정년을 앞둔 고령 근로자에게는 임금 인상보다 '나를 끝까지 챙겨준다'는 감정적 메시지가 더 깊게 전달됩니다.

사내근로복지기금은 그동안의 수고에 대한 감사, 남은 시간에 대한 배려, 그리고 떠난 뒤에도 회사를 좋은 기억으로 남길 수 있도록 도와줍니다.

한 중견 제조업체에서는 정년 1년 전부터 근로자 개인에게 건강과 생활에 관련된 소소한 지원을 시작했습니다.

별다른 공지는 없었지만, 동료들은 하나둘 소문을 들으며 말없이 회사의 배려를 느꼈습니다.

정년퇴직 당일, 그 직원은 작은 상품권과 함께 동료들의 축하 편지를 받았고, 눈시울을 붉히며 이렇게 말했습니다.

"이렇게 마지막을 챙겨주는 회사, 정말 고맙습니다. 저보다 젊은 사람들에게 이 회사를 추천하고 싶네요."

복지는 숫자가 아니라, 기억입니다. 특히 고령 근로자에게는 복지기금이 인생의 마지막 직장을 더 따뜻하게 마무리하는 수단이 될 수 있습니다. 사내근로복지기금은 그들에게 보내는 진심 어린 감사의 표현이 될 수 있습니다.

외부 투자 유치 준비 중인 기업

"직원 복지가요? 솔직히 지금은 투자받는 게 더 급한 상황이라..."

서울에서 IT 솔루션 기업을 운영하는 박 대표는 최근 투자사와의 미팅에서 이 질문을 받고 잠시 말을 잇지 못했습니다.

매출, 시장 점유율, 기술력까지는 자신 있었지만 '직원 복지'라는 질문에는 준비된 답이 없었기 때문입니다.

그런데도 투자 담당자는 진지한 표정으로 덧붙였습니다.

"지금 복지에 쓴다는 게 아니라, 복지에 대해 어떻게 생각하고 있는지가 중요하거든요."

실제 많은 투자사들은 이제 단순히 재무제표만 보지 않습니다.

조직문화, 이직률, 구성원 만족도, 지속 가능성까지 확인합니다.

특히 초기 스타트업이나 중소기업이 외부 투자를 받기 위해서는 단순히 '지금 잘하고 있다'보다, '앞으로 어떻게 건강하게 성장할 것인가'에 대한 설계가 더 중요합니다.

이때 '사내근로복지기금'은 작지만 강력한 신호를 줍니다.

"우리 회사는 구성원을 비용이 아닌 자산으로 본다"는 태도를 명확히 보여주는 장치입니다.

실제로 복지기금이 있다는 한 줄은 IR 자료에서 묘하게 무게감 있게 작용하기도 하고, 회계실사 중 인건비와 복리후생비가 명확히 구분된다는 점에서 투자사의 신뢰를 높이기도 합니다.

복지를 위한 비용이 아니라, 조직의 가치를 높이는 투자.

사내근로복지기금은 투자 유치 과정에서도 은근한 경쟁력이 됩니다.

가족 근로자 비중이 높은 개인사업장

"사실 우리 직원들이라고 하기엔… 다 가족이죠. 아내가 회계 보고, 장모님이 점심 챙기고, 동생은 물건 나르고…"

서울 도심 한가운데서 20년 넘게 운영해 온 작은 인쇄소. 겉보기엔 평범한 자영업장이지만, 속을 들여다보면 '가족'으로 굴러가는 진짜 공동체입니다.

사업주는 직원 명단을 꺼내 보여주며 쑥스럽게 웃는다. "이게 다 우리 가족이에요."

개인사업장에서 가족이 함께 일하는 건 흔한 일입니다.

특히 소규모 사업장은 외부 인력보다 가족 구성원을 중심으로 운영되는 경우가 많다.

하지만 현실은 녹록지 않습니다. 정식 직원으로 등록하자니 세금 부담이 크고, 그냥 도와준다고 하기엔 업무 강도와 책임이 너무 크다.

정산 문제는 매년 세무사와의 긴 줄다리기가 되고, 명절 선물 하나 챙기는 것도 가끔은 애매하다.

이런 구조에서 사내근로복지기금은 새로운 해법이 될 수 있습니다.

가족 근로자들을 형식적인 직원이 아닌, 실질적인 조직의 구성원으로 인정해 주는 장치가 되는 것입니다.

급여 외에 복지라는 이름으로 지원이 가능해지고, 그 과정이 제도화되면서 세무적으로도 안전하고 감정적으로도 따뜻한 해결책이 됩니다.

특히 가족과 함께 일하면, 감정의 경계가 흐려지고 '보상'이라는 개념이 모호해지기 쉽습니다.

하지만 복지는 '돈'이 아닌 '관심과 배려'의 형태로 제공되기 때문에, 서로 간의 심리적 부담도 줄어듭니다.

작은 회사라도, 사내근로복지기금 하나로 "우리 가족은 단순히 도와주는 게 아니라, 함께 일하는 동료"라는 분위기를 만들 수 있습니다.

이는 직원이 아닌 가족에게도 '존중받고 있다'는 감정을 주는 작지만 큰 변화입니다.

빠르게 확장 중인 기업 (지점·지사 확장 등)

"이번 달에만 새 지점이 두 군데 더 생겼어요. 직원도 급하게 뽑고, 공간 세팅하느라 정신이 없네요."

급성장 중인 기업들은 흔히 '사람'과 '조직문화'가 따라가지 못하는 문제에 직면합니다.

지점은 늘어나고, 신규 직원은 빠르게 충원되지만, 일하는 방식과 팀 간 유대감은 허술해지기 쉽습니다.

특히 본사와 지점 간의 '심리적 거리'가 점점 벌어질 때, 직원들은 소외감을 느끼고 떠나기 쉽습니다.

서울에 본사를 둔 한 프랜차이즈 기업은 전국 단위로 빠르게 점포를 확장하면서, 이런 문제를 겪었습니다.

본사 직원은 회사의 철학과 방향성을 공유하고 있지만, 지방 지점에서는 '우리는 그냥 현장 인력'이라는 인식이 퍼지기 시작한 겁니다.

이때 회사는 사내근로복지기금을 통해 지점 직원들을 위한 소규모 복지 프로그램을 기획했습니다.

생일 선물, 자녀 입학 선물, 지점 간 친목 워크숍 등 작지만 따뜻한 복지를 제공하면서, 직원들 사이에서 "우리를 기억해 주는 본사가 있다"는 믿음이 생기기 시작했습니다.

한 지방 지점 직원은 이런 말을 남겼습니다. "회사가 나를 위해 뭘 해주는지 생각해 본 적 없었어요.

그런데 아이 생일에 축하 메시지와 작은 선물이 왔을 때, 정말 감동이었죠. 그날 처음으로 이 회사와 오래 일하고 싶다는 생각을 했어요."

빠른 확장은 조직의 기회이자 위기입니다.

복지기금은 이 격차를 메워주는 정서적 연결고리가 될 수 있습니다.

비록 급여 인상이나 인프라 확충은 시간이 걸리지만, 복지를 통해 '심리적 본사'를 심어줄 수 있습니다.

기업의 철학과 배려가 복지를 통해 전해질 때, 지점은 단순한 근무지가 아니라 진짜 '소속된 공간'이 됩니다.

재택·원격근무 중심 조직

"요즘 팀원들 얼굴을 본 지가 언젠지 모르겠어요."

서울의 한 콘텐츠 스타트업 대표가 이렇게 털어놓았습니다.

팬데믹 이후 정착된 재택근무와 원격 협업 체계는 업무의 효율성은 높였지만, 동시에 직원 간 유대감은 현저히 줄어들었습니다.

카카오톡과 슬랙, 줌이 모든 소통을 대신하다 보니, 출근길의 인사나 회식 자리의 수다는 사라진 지 오래입니다.

이런 구조에서는 업무는 해도, 마음이 멀어지기 쉽습니다.

팀원들은 점점 '이 회사는 그저 회사일 뿐'이라는 생각을 하게 되고, 자연스레 조직에 대한 소속감도 낮아집니다.

이직률이 높아지고, 비대면 속에서 함께 일한다는 감각은 흐릿해집니다.

이럴 때, 작지만 진심이 담긴 복지가 화면 너머 사람의 마음을 움직입니다.

어떤 스타트업은 사내근로복지기금을 활용해, 분기마다 전 직원에게 맞춤형 웰니스 박스를 배송합니다.

이 박스는 택배 상자를 열며 "우리 회사가 나를 생각해 줬구나"를 느끼게 합니다.

한 개발자는 이런 말도 했습니다.

"월급보다 더 고마웠어요. 회사를 생각하며 고른 구성품이라는 게 느껴지니까요. 나 혼자가 아니라는 게 실감났어요."

이처럼, 물리적으로 멀어진 조직에서는 물리적인 보상보다 정서적인 접촉이 더 중요해집니다.

사내근로복지기금은 단순히 비용 절감 수단이 아닌, '우리 회사는 당신을 잊지 않았다'는 감정의 언어로 기능할 수 있습니다.

복지는 결국 '존재를 확인받는 경험'입니다. 재택근무 시대의 복지 전략은, 얼굴을 보지 않아도 마음을 전하는 방식으로 진화하고 있습니다.

사내근로복지기금은 그 진화의 중심에 설 수 있습니다.

고객 접점 인력이 핵심인 조직

"우리 회사의 얼굴은, 사실 고객을 처음으로 맞이하는 사람들입니다."

한 프랜차이즈 카페 본사의 인사담당자는 이렇게 말했습니다.

본사 전략이 아무리 좋아도, 매장 카운터에서 손님을 맞이하는 직원 한 명이 브랜드 인식을 좌우하는 경우가 많기 때문입니다.

콜센터 상담원, 매장 점원, 프런트 데스크 직원, 병원의 코디네이터까지.

고객 접점 인력은 대부분 감정노동을 수행하며, 그만큼 이직률이 높고 조직에 대한 애착 형성도 쉽지 않습니다.

이런 구조 속에서 사내근로복지기금은 중요한 역할을 할 수 있습니다.

고객 접점 인력은 대개 정규직이 아닌 경우가 많고, 기본급 외 별도 복지 혜택이 거의 없습니다.

하지만 복지는 단순히 금전적 지원이 아니라, '당신의 노고를 보고 있다'는 메시지를 전달하는 수단이기도 합니다.

서울의 한 미용 프랜차이즈에서는 매달 고객 만족도 우수 직원 10명을 선정해 '감사 패키지'를 전달합니다.

고급 손세정제와 릴렉싱 용품, 손 편지와 함께 구성된 이 패키지를 받은 한 직원은 "고객한테 웃는 게 쉽지 않을 때도 많은데, 이렇게 챙겨주는 회사라면 더 버텨보고 싶다"며 눈물을 글썽였습니다.

고객에게 미소 짓는 직원을 회사가 먼저 안아줄 때, 그 에너지가 다시 고객에게 돌아갑니다.

고객과의 첫 마주침을 책임지는 이들에게 보내는 복지의 손길은, 결국 브랜드 전체의 인상과 지속 가능성으로 되돌아옵니다.

직군 간 복지 격차로 불만이 큰 조직

"개발팀은 성과급도 따로 있고, 재택도 자유롭잖아요. 그런데 우리는 매일 현장에서 땀 흘리는데 뭐 하나 챙겨주는 게 없어요."

이 말은 수도권에 본사를 둔 한 중견 제조기업의 현장 생산직 근로자가 회식 자리에서 토로한 이야기입니다.

그 회사는 본사엔 개발자와 기획자 중심의 사무직 직원들이 근무하고, 지방 공장에는 생산직과 품질관리 직원들이 근무하는 구조였습니다.

아무래도 직무 특성과 근무 환경이 다르다 보니, 자연스럽게 복지 체감도에도 큰 격차가 발생했습니다.

실제로 개발직군은 온라인 연수, 재택근무, 포인트 복지몰 등 다양한 복지 혜택을 누리고 있었지만, 현장 직원들은 하루 종일 서서 일하며 점심 외엔 별다른 휴식도 없이 일하는 상황이었습니다.

이로 인해 불만이 누적되었고, 결국 이직률과 내부 갈등까지 심화되기 시작했습니다.

이때 도입된 것이 바로 사내근로복지기금입니다. 이 기업은 기금 설계 시부터 '직군별 특성'을 중심에 두었습니다.

현장직은 체력 소모가 많고 외부 일정이 많다는 점을 고려해, 정기 건강검진 항목을 확대하고, 하절기에는 냉방용품과 영양제 지급, 겨울에는 방한용품과 교통비 지원 등 맞춤형 복지를 기획했습니다.

반면 사무직은 자기 계발비, 문화생활비, 외부세미나 지원 등 정신적 리프레시와 전문성 향상에 초점을 맞췄습니다.

중요한 건, '다 똑같이 나눠주는 것'이 아니라, '각자에게 필요한 걸 제대로 챙겨주는 복지'라는 철학이었습니다.

그렇게 몇 달이 지나자, 직원들의 반응은 놀랍도록 달라졌습니다.

"예전에는 상대방 복지를 부러워했는데, 이제는 내가 받는 복지가 내 일에 맞춰서 설계됐다는 게 느껴지니까 마음이 놓여요."

현장과 사무실, 본사와 공장. 물리적으로도 심리적으로도 거리가 멀었던 이 조직에, 사내근로복지기금은 다리를 놓는 역할을 해냈습니다.

갈등은 줄고, 서로의 역할을 이해하려는 시선이 생겼습니다. 그렇게 이 기업은 단순한 복지를 넘어, 진짜 조직문화 혁신의 단초를 만들어냈습니다.

장기근속 유도용

"이직은 전염병, 복지는 백신이다"

"한 명의 퇴사는 끝이 아니라, 조직 전체를 흔드는 신호입니다."

이는 단순한 비유가 아닙니다.

실제로 연구와 기사들은 이 현상을 '이직 전염'이라 칭하며 경고하고 있습니다.

한국경제는 "신입의 이직은 고참까지 영향을 미친다."며, '이직 전염' 현상이 조직 전체로 확산한다고 설명했습니다.[4]

지디넷코리아 조사에 따르면 신입사원의 61%가 입사 1~3년 내 퇴사하며, 80.5%의 기업이 "이것이 조직 분위기에 부정적 영향을

---

4) https ://www.hankyung.com/article/202111291851i?utm_source

준다"고 응답했습니다.[5]

코리아비즈니스리뷰는 "국내 기업 평균 퇴사율은 약 15%, 특히 MZ세대는 이보다 1.3배 더 높다"고 보도했습니다.[6]

더욱이 딜로이트 분석에서는 직원 한 명의 퇴사 비용이 연봉의 100~150%에 해당한다는 충격적인 결과를 제시했습니다.[7]

장기근속은 '조직 생존'의 키워드

사람이 떠나고, 또 다른 사람이 오고… 외견상 '정상'처럼 보일 수 있습니다.

하지만 실상은 다릅니다.

한 명의 이탈은 그 주위 사람들의 심리를 흔들고, 조직의 응집력은 점점 약해집니다.

마치 물 위의 잔잔한 파문이 점점 퍼지듯, 이직은 회사 전체에 파동을 일으킵니다.

5) https ://zdnet.co.kr/view/?no=20250513085838&utm_source
6) https ://www.koreabizreview.com/detail.php?number=6143&thread=23r07r01&utm_source
7) https ://www.koreabizreview.com/detail.php?number=6143&thread=23r07r01&utm_source

더 큰 문제는 '대체자'가 오지 않는다는 점입니다.

요즘은 구인난 시대입니다.

경력 있는 인재는 더욱 귀하고, 신입은 빠르게 성장하기를 기대받습니다.

그러나 그 신입마저 곧 퇴사한다면, 회사는 점점 '지속 불가능한 조직'으로 빠져들게 됩니다.

회사가 오랫동안 존재하려면, 함께 오래할 사람이 필요합니다.

조직을 이해하고, 문화를 만들고, 고객을 기억하는 사람들.

그들이 있어야 회사는 '이름'이 아니라 '의미'를 가질 수 있습니다.

이들의 잔존율이 바로 회사의 존속 가능성입니다.

그리고 이들을 지켜내는 가장 확실한 방법은 '복지'를 통한 정서적 유대감입니다.

급여만으로는 부족합니다. 사내근로복지기금이 중요한 이유는 바로 여기에 있습니다.

회사가 직원에게 "당신이 오래 함께하길 바란다"고, 제도적으로 표현할 수 있는 유일한 장치이기 때문입니다.

"좋은 인재가 들어오는 것보다, 떠나지 않도록 붙잡는 것이 먼저입니다."

이제 장기근속은 단지 '좋은 회사'의 척도가 아닙니다.

존립 가능성의 필수 조건입니다.

6

복지기금은
왜 브랜드가 되는가

복지와 절세의 비밀병기
사내근로복지기금

"우리 회사는 복지를 운영하고 있습니다"라는 말과 "우리 회사에는 복지기금이 있습니다"라는 말은 같은 듯하지만 전혀 다르게 다가옵니다.

전자는 그냥 혜택 하나를 소개하는 느낌이라면, 후자는 회사가 사람을 어떻게 대하는지를 보여주는 진심 어린 표현입니다.

복지기금은 단순히 돈을 지원하는 제도가 아닙니다. 회사가 직원에게 보내는 메시지이고, 그 메시지가 쌓여 조직의 색깔이 되고, 결국 브랜드가 되는 것입니다.

회사는 좋은 사람을 뽑고 싶어 하고, 오래 다니는 직원을 원합니다. 그 출발점이 바로 복지기금입니다. 왜냐하면 복지기금은 이런 흐름을 만들어내기 때문입니다.

복지기금 운영 → 신뢰 형성 → 충성도 상승 → 자부심 강화 → 브랜드 확산
복지기금이 있다는 사실만으로도 직원은 세 가지를 느낍니다.

• 이 회사는 내 삶을 오래 보고 함께하려 한다.
• 단기 성과보다 장기적 안정을 중시한다.
• 제도보다 사람을 먼저 본다.

이런 신뢰는 단순한 만족감을 넘어, 조직에 머물고 싶은 마음으로

바뀌고, 또 그 마음은 고객에게까지 전해집니다.

또 하나 중요한 점은 복지기금이 단순 행정이 아니라는 겁니다. 이 사회에서 논의하고, 기금에서 집행하고, 매년 보고하는 과정 자체가 직원들에게 "이 복지는 대충 하는 게 아니라, 존중받는 절차를 거친다"는 무게감을 줍니다.

똑같이 경조비를 주더라도, "회사가 준다"와 "복지기금에서 준다"는 말은 전혀 다르게 들립니다. 후자는 직원이 더 신뢰하고 자부심을 느끼게 합니다.

결국 브랜드는 사람들이 밖에서 뭐라고 말하느냐로 완성됩니다.

직원들이 인터뷰에서, SNS에서, 지인에게 자연스럽게 "우리 회사는 복지기금이 있어"라고 말하는 순간, 그것은 더 이상 제도가 아니라 브랜드가 됩니다.

복지기금은 제도가 아닙니다. 하나의 메시지입니다.

그리고 그 메시지를 어떻게 풀어내느냐에 따라 회사는 단순한 조직을 넘어, 오래 기억되는 이름이 됩니다.

"민수가 선택한 회사, 숫자가 아닌 사람을 기억하다"

서울의 한 대학교 채용박람회 현장.

취업 준비생 민수는 두 개의 회사 부스를 차례로 방문했습니다.

먼저 A 회사.

A 회사의 채용공고는 간단했습니다.
"연차 제공, 성과급 지급, 4대 보험."

민수는 '음… 어디서나 볼 수 있는 조건이네' 하고 마음속으로 중얼거렸습니다.

회사 소개 자료를 보니 그래프와 숫자가 대부분이었고,
"매출 30% 성장, 시장 점유율 1위" 같은 문구가 반복되었습니다.

민수는 '좋은 회사 같긴 한데… 사람 이야기는 없네?' 하고 아쉬운 마음이 들었습니다.

이번엔 B 회사.

채용공고부터 달랐습니다.

"생일축하금, 자녀 학자금, 장기근속 포상금.

모든 복지는 사내근로복지기금으로 운영됩니다."
민수는 순간 고개를 끄덕였습니다.

'아, 이 회사는 직원들의 생활까지 고민하는구나.'
회사소개 자료를 넘겨보니
"우리는 직원의 삶과 함께 성장합니다"라는 메시지가 보였습니다.

그리고 그 아래에는 직원들의 실제 사례가 적혀 있었습니다.

"복지기금 덕분에 부모님 환갑 여행을 선물했습니다."

"저금리 전세자금 대출로 신혼집을 마련했습니다."

숫자가 아닌 사람들의 경험이 가득 담겨 있었던 겁니다.

그 순간, 민수의 머릿속에 한 장의 장면이 스쳐 지나갔습니다.

얼마 전 입사설명회에서 봤던, 단 한 장의 슬라이드.

"우리는 사내근로복지기금을 이렇게 사용합니다."

짧은 문장이었지만, 그 안에는 직원들의 웃음과 감사의 목소리가 담겨 있었습니다.

생일 축하금으로 케이크를 들고 환하게 웃는 모습, 경조금 덕분에 든든했다는 직원의 말.

민수는 다시금 확신했습니다.

A 회사는 성과와 매출로 기억되는 회사.

B 회사는 직원의 삶과 이야기를 담아내는 회사.

결국 민수의 마음은 B 회사 쪽으로 기울었습니다.
'내 인생의 순간을 함께 고민해 주는 회사라면, 나도 힘껏 일하고 싶다.'

복지기금은 단순한 제도가 아닙니다.
사람을 끌어당기는 자석이고, 회사를 기억하게 하는 따뜻한 스토리입니다.

결국 직원들이 느끼는 진심이 곧 브랜드가 되고, 그 브랜드는 새로운 인재를 불러들이는 힘이 됩니다.

Section 2

"복지에서 브랜드로 국내 기업들의 성공 공식"

사내근로복지기금은 단순한 복리후생 수단을 넘어, 조직의 철학과 신뢰를 나타내는 브랜드 자산으로 작용하고 있습니다.

특히 국내 대기업과 공기업을 중심으로 복지기금을 전략적으로 활용하며, 인재 유치 경쟁력 확보와 지속 가능한 경영 가치를 함께 실현한 사례들이 주목받고 있습니다.

정규직만 챙기지 않는다, 은행권이 보여준 복지의 품격

2020년 기준, 주요 8개 은행의 사내근로복지기금 누적 규모는 1조 2,205억 원에 달합니다.

특히 주목할 점은 복지기금 수혜 대상을 정규직에 국한하지 않고 파견·용역직 등 간접고용 인력까지 확대한 점입니다.

KB국민·신한·하나·우리은행은 간접고용 인력에게도 1인당 25

만 원에서 최대 90만 원 상당의 상품권을 지급하며, 포용적 복지 문화를 실현해 왔습니다.

이러한 전략은 외부적으로는 '차별 없는 복지'를 실천하는 기업 이미지로 연결되었고, 내부적으로는 조직 내 소속감과 만족도를 높이는 계기가 되었습니다.

궁극적으로 은행권은 복지기금을 통해 ESG 평가 대응, 채용 경쟁력 강화, 브랜드 신뢰도 제고라는 다층적 효과를 확보한 셈입니다.[8]

"현장에서 꽃피는 복지, 인프라가 된다"

건설 공기업 및 민관 합동 SOC 프로젝트에 참여하는 조직들은 복지기금을 통해 현장 중심의 인프라형 복지 전략을 추진하고 있습니다.

대표적으로 휴게시설 확충, 안전 교육 프로그램 운영, 지방 근무자 기숙사 제공 등이 주요 항목으로 활용되고 있습니다.

이러한 복지 전략은 단순한 처우 개선을 넘어, 직원의 안전과 삶의 질을 실질적으로 개선하는 수단으로 작동하였습니다.

---

8) https://biz.newdaily.co.kr/site/data/html/2020/08/24/2020082400125.html?utm_source

또한 지역사회 및 지방정부와의 협력 사업 추진 시 '사람 중심'의 경영 이미지를 부각시키며, 사회적 기여도와 신뢰도를 동시에 강화하는 효과를 거두었습니다.[9]

복지기금, 기업 성과의 숨은 엔진

사내근로복지기금이 기업 성과에 어떤 영향을 주는지 궁금하신가요?

실제로 이를 분석한 연구가 있습니다.

논문 「사내근로복지기금이 성장성과 노동생산성에 미치는 영향 – KOSPI 200 제조기업 중심」에서는 KOSPI 200에 속한 제조기업들의 데이터를 활용해 복지기금이 기업 성과에 미치는 효과를 살펴봤습니다.

연구 방법은 간단합니다. 2002년부터 2018년까지의 재무 데이터를 모으고, 복지기금을 운영하는 기업과 운영하지 않는 기업을 나누어 비교했습니다.

그 결과는 꽤 인상적이었습니다.

---

9) https ://news.nate.com/view/20250708n09900?utm_source

복지기금을 운영하는 기업은 매출 성장률이 더 높았습니다.

또한 노동생산성(직원 1인당 생산성) 역시 의미 있게 높게 나타났습니다.

이 연구가 보여주는 핵심은 복지기금이 단순히 직원들에게 주는 '혜택'을 넘어선다는 점입니다.

직원들은 복지기금을 통해 회사로부터 신뢰와 배려를 느끼고, 그 결과 회사에 더 몰입하고 충성하게 됩니다.

이런 태도가 다시 생산성과 매출로 이어지는 선순환 구조가 만들어지는 것이죠.

즉, 복지기금은 비용이 아니라 장기적으로 회사의 브랜드 가치를 높이고 경쟁력을 키우는 전략적 자산이 될 수 있다는 겁니다.

특히 MZ세대를 비롯한 젊은 인재들은 공정하고 포용적인 복지를 중요하게 생각합니다.

복지기금은 이들에게 강한 긍정적 메시지를 전달하고, 회사 문화를 정착시키는 데에도 실질적인 기여를 합니다.

사내근로복지기금은 단순한 복지제도가 아니라 기업 성장의 숨은

엔진이라고 할 수 있습니다.[10]

GM, 복지로 생산성과 브랜드 신뢰를 동시에 잡다

General Motors(GM)는 미국 최대 제조업체 중 하나로, 전미자동차노조(UAW)와 함께 'Life Steps'라는 대규모 복지 프로그램을 운영해 왔습니다.

이는 단순한 복리후생 차원을 넘어, 직원 건강과 조직 생산성을 높이기 위한 전략적 복지기금 운영 사례로 꼽힙니다.

GM은 Life Steps 프로그램을 통해 건강검진, 만성질환 예방, 금연 지원, 피트니스 프로그램 등을 제공하고 있으며, 복지기금은 사측이 약 2/3, 노조가 1/3을 부담하여 공동으로 운영됩니다.

지역별 Wellness Coordinator가 배치되어 직원 개별 건강관리를 지원하는 시스템을 구축했습니다.

이 프로그램을 통해 GM은 다음과 같은 결과를 얻었습니다.

* **직원 결근율 감소**
* **생산성 향상**
* **장기적으로 건강 관련 지출 감소**

10) 사내근로복지기금이 성장성과 노동생산성에 미치는 영향 KOSPI 200 제조기업

* 직원의 건강 인식 및 자기 관리 능력 향상

* 사내 신뢰와 충성도 증대

브랜드 효과 분석

GM은 복지 프로그램을 단순한 제도적 혜택이 아니라, "회사가 나의 건강과 삶을 진심으로 고려하고 있다"는 메시지로 확장시켰습니다.

이러한 노력은 GM의 인재 유치 경쟁력을 높였을 뿐 아니라, 사내 조직문화를 긍정적으로 강화시키는 역할을 했습니다.

Life Steps는 GM이 복지를 통해 브랜드 신뢰도를 높인 대표적인 글로벌 사례로 평가받고 있습니다.[11]

---

11) McGlynn, A. (2003). *The Business Case for a Corporate Wellness Program : A Case Study of General Motors and the United Auto Workers*. The Commonwealth Fund.

7

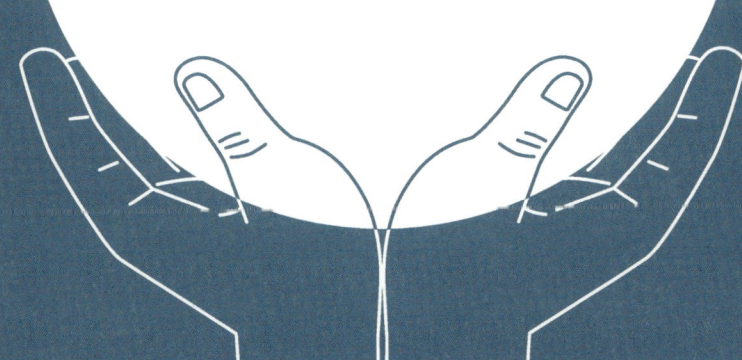

현장에서
바로 활용하는 엑기스
Q&A

복지와 절세의 비밀병기
사내근로복지기금

Q 사내근로복지기금을 활용해 직원 복리후생 목적의 물품을 구매할 때, 자사에서 운영하는 쇼핑몰을 거래처로 이용해도 되나요?

A 가능합니다.

사내근로복지기금법인(이하 '기금법인')은 사용자가 임금이나 법령상 지급 의무가 있는 급여 외에도 근로자의 생활 안정과 재산 형성, 체육·문화활동 등을 지원하는 복지사업을 할 수 있습니다.

기금법인이 이러한 복지사업의 일환으로 물품을 구매하는 경우, 해당 구매처에 대한 법적인 제한은 없습니다. 따라서 회사가 운영하는 자체 쇼핑몰도 거래처가 될 수 있으며, 이를 통해 물품을 구입해 직원 복리후생에 활용하는 것 역시 허용됩니다.

Q 연말에 입원이나 통원 치료를 받은 근로자가 해당 연도 내에 의료비 지원을 받지 못한 경우, 익년도에 지원해도 법적인 문제가 없을까요?

A 사내근로복지기금법인이 의료비 지원 사업을 수행함에 있어, 언제 발생한 의료비에 대해 언제까지 지원할 것인지는 법령에서 별도로 정하고 있지 않습니다.

따라서 연말에 발생한 통원 또는 입원 치료비에 대해 익년도에 의료비 지원이 이루어지는 경우라도, 해당 기금법인의 정관이나 내부 규정에서 그 기준과 절차가 명확히 마련되어 있다면 법적으로 문제되지 않습니다.

즉, 귀 기금법인의 정관 또는 대부 규칙 등에 따라 의료비 지원의 시기와 조건을 명확히 정해두는 것이 중요하며, 이를 근거로 연말 발생 의료비에 대한 익년도 지원이 가능하다고 판단됩니다.

Q 회사가 소유한 사옥 내에서 운영 중인 커피숍의 이익이나, 시설 임대에 따른 임대수입으로 사내근로복지기금을 조성할 수 있나요?

A 가능합니다.

「근로복지기본법」제61조 제2항에서는 사업주 또는 사업주 외의 자가 사내근로복지기금에 유가증권, 현금, 정관에서 정한 재산 등을 출연할 수 있도록 규정하고 있습니다.

이에 따라, 회사가 사옥 내 커피숍을 운영하면서 발생한 이익이나, 사업장 시설을 임대하여 발생한 임대수입 역시 기금의 출연 재원으로 활용될 수 있습니다. 다만, 이러한 수익을 기금에 출연하기 위해서는 기금의 정관상 출연 가능한 재산의 범위에 해당하도록 정비되어 있어야 하며, 실제 출연 시에는 관련 절차를 준수하여 처리하는 것이 바람직합니다.

Q 사내근로복지기금의 수익금으로 연금제도를 운영할 수 있나요?

A 가능합니다.

『근로복지기본법』제62조 제1항과 같은 법 시행령 제46조 제2항에 따르면, 사내근로복지기금법인(이하 '기금법인')은 정관이 정하는 바에 따라 근로자의 재산 형성 지원과 생활 원조를 위한 사업을 시행할 수 있습니다.

연금제도는 근로자의 노후 안정과 장기적인 생활 보장을 지원하는 대표적인 재산 형성형 복지사업에 해당하므로, 법령상 허용되는 범위 안에서 충분히 운영할 수 있습니다.

다만, 제도 설계 시에는 정관에 해당 사업 내용을 명확히 기재하고, 지급 대상·기준·방식을 세부적으로 규정해야 합니다. 또한, 기금의 안정적인 운용과 투명성 확보를 위해 관련 회계·세무 처리 절차를 철저히 관리하는 것이 필요합니다. 이를 통해 기금법인의 목적에 부합하면서도 장기적인 복지 혜택을 제공하는 안정적인 연금제도를 구축할 수 있습니다.

Q 기본재산으로 원청 근로자에게는 창립기념품, 하청 근로자에게 는 명절 격려품을 지급하는 등 서로 다른 복지사업을 해도 되나 요?

A 가능합니다.

기금법인의 사업은 원칙적으로 근로자 전체에게 혜택이 돌아가야 하며, 저소득 근로자를 우대하도록 하고 있습니다(「근로복지기본 법」 시행령 제46조 제1항).

그러나 정관에 명확하고 합리적인 기준이 마련되어 있다면, 수혜 대상별로 복지사업의 범위나 제공 방식, 혜택의 종류를 달리 운영하 는 것도 가능합니다.

예를 들어, 원청 근로자에게는 회사 창립일을 기념하는 기념품을 제공하고, 하청 근로자에게는 명절 기간에 맞추어 생활에 보탬이 되 는 격려품을 지급하는 식입니다. 이는 각 집단의 근무 환경과 필요 를 반영한 맞춤형 복지로 볼 수 있습니다.

Q 정년퇴직을 앞둔 근로자에게 여행경비 명목으로 현금을 지급할 수 있나요?

A 원칙적으로 가능합니다.

사내근로복지기금법인은 「근로복지기본법」 제62조 제1항 및 시행령 제46조 제2항에 따라, 사용자가 임금 등으로 지급할 의무가 없는 사업으로서 근로자의 재산 형성 지원 및 생활 원조를 목적으로 하는 사업을 정관에 따라 시행할 수 있습니다.

따라서 정년퇴직자에게 여행경비를 지급하는 것이 사용자에게 법적 의무가 아니라면, 정관이 정하는 바에 따라 기금으로 여행경비를 지원하는 것이 가능합니다.

그러나 주의할 점은, 정년퇴직 예정자 전원에게 일률적으로 여행경비나 위로금 명목으로 일정 금액을 지급하는 방식은 법정 퇴직금 제도와 기능이 중복될 수 있으며, 이는 사내근로복지기금의 설치 취지 및 사업 범위를 벗어나는 것으로 허용되지 않습니다.

Q 체육, 문화, 휴양시설 이용 가능한 상품권 지급이 사내근로복지 기금의 목적사업에 해당하나요?

A 네, 해당할 수 있습니다.

사내근로복지기금법인은 사용자가 임금이나 법령에 따라 지급할 의무가 있는 것 외에,

- 근로자의 체육 및 문화활동 지원
- 근로자의 재산 형성 지원
- 생활 원조를 위한 사업

을 정관에 따라 시행할 수 있습니다(「근로복지기본법」 제62조 제1항, 시행령 제46조 제2항).

따라서 상품권 지급이 다음의 요건을 모두 충족하면 목적사업으로 인정될 수 있습니다.

체육, 문화, 휴양시설 이용에 한정된 용도일 것

임금, 법령, 취업규칙, 단체협약 등에 따른 사용자 지급 의무가 아닐 것

즉, 숙박, 레저, 공연 티켓 등 근로자의 문화생활을 증진시키기 위한 복지 차원의 상품권 지급은 적법합니다.

Q 사내 체육대회, 음악 경연대회, 창립기념식 행사 진행 시 행사 진행을 위한 비품 구매·장소 대관·경품 구매 비용을 사내근로복지기금으로 지출할 수 있는가?

A 가능합니다.

사내근로복지기금법인은 「근로복지기본법」 제62조 제1항 및 시행령 제46조 제2항에 따라, 사용자가 지급 의무가 없는 근로자의 체육·문화활동 지원 등을 위한 사업을 목적사업으로 수행할 수 있습니다.

따라서, 체육대회, 음악 경연대회, 창립기념일 행사 등과 관련한 비품 구매, 장소 대관, 경품 구매 등의 비용이 법령, 단체협약, 취업규칙 등에 따라 사용자의 지급 의무가 없는 경우, 기금법인의 정관 및 복지기금협의회 결정에 따라 집행이 가능합니다.

Q 당사는 취업규칙 등에 따라 임·직원에게 무상으로 식사를 제공할 의무가 없음에도 구내식당 운영을 통해 무상으로 식사를 제공하고 있습니다. 이 경우, 임·직원에게 안정적이고 보다 나은 식사를 제공하고자, 기금의 정관변경을 통하여 '구내식당 운영지원'을 추가하고, 구내식당의 운영 관련 제반비용을 기금을 통하여 운영하는 것이 가능한가요?

A 가능합니다.

「근로복지기본법」 제68조 제2항에 따르면, 사용자가 사내근로복지기금법인(이하 '기금법인') 설치 당시에 시행하고 있는 사업 중 법령 또는 단체협약·취업규칙 등에 따라 사용자에게 지급의무가 없는 사업은 복지기금협의회의 협의와 결정을 거쳐 기금법인의 사업으로 통합하여 운영할 수 있습니다.

따라서, 귀사가 사용자에게 지급의무가 없는 무상급식(구내식당 운영)을 시행하고 있는 상황에서, 복지기금협의회의 협의를 거쳐 정관을 변경하고 '구내식당 운영지원'을 기금의 사업으로 포함시킨다면, 기금의 자금을 사용하여 구내식당 운영비를 지원하는 것이 가능합니다.

Q 기금법인의 정관에 '체육·문화활동의 지원' 목적사업이 있을 경우, 렌터카 업체와 계약을 맺고, 근로자에게 저렴한 금액으로 렌터카를 이용하게 할 수 있는가?

A 가능합니다.

기금법인은 「근로복지기본법」 제62조 제1항 및 시행령 제46조 제2항에 따라 사용자가 임금, 단체협약, 취업규칙 등으로 지급 의무가 있는 것이 아닌 경우에 한해 근로자의 체육·문화활동 지원을 목적으로 사업을 시행할 수 있습니다.

따라서, 렌터카 제공이 사용자에게 지급 의무가 없는 복지 항목이라면, 기금법인은 체육·문화활동 지원의 일환으로 렌터카를 임차하여 근로자에게 저렴한 금액으로 제공하는 사업을 시행할 수 있습니다.

Q 사내근로복지기금을 활용하여 사내 카페를 설치하고 운영하는 것이 가능한가요?

A 가능합니다.

사내근로복지기금법인(이하 '기금법인')은 「근로복지기본법」 제62조 제1항 제5호 및 같은 법 시행규칙 제26조 제1항에 따라, 근로자를 위한 사내구판장(社內購販場)을 설치·운영할 수 있습니다. 여기서 사내구판장은 근로자의 편의를 위해 식음료·생활용품 등을 제공하는 시설을 의미하며, 사내 카페 역시 이러한 구판장의 한 형태로 해석됩니다.

따라서 사내 카페가 근로자 복지 증진을 목적으로 하고, 수익 창출이 아닌 비영리 운영 원칙을 준수한다면 설치·운영이 가능합니다. 다만, 사업계획서나 정관에 해당 복지사업의 목적·운영 방식·이용

대상을 명확히 규정하고, 재원 집행과 수익 발생 여부를 투명하게 관리해야 합니다. 또한, 외부인 대상 영업이나 과도한 상업 활동으로 변질될 경우 법령상 복지사업 범위에서 벗어날 수 있으므로 주의가 필요합니다.

Q 직원 복지를 위해 사내 마사지숍을 운영할 수 있나요?

A 가능합니다.

사내근로복지기금법인은 「근로복지기본법」 제62조 제1항 및 같은 법 시행령 제46조 제2항에 따라, 근로자의 재산 형성과 생활원조를 위한 복지사업을 정관에 따라 실시할 수 있습니다.

따라서 사내 마사지숍 운영이 법령상 사용자에게 지급 의무가 없는 선택적 복지사업이라면, 복지기금협의회의 의결과 정관 규정을 통해 충분히 실시가 가능합니다.

다만, 기금이 투입되는 만큼 운영의 비영리성을 유지해야 하며, 이용 대상과 운영 방식, 비용 부담 구조 등을 사전에 명확히 정관 또는 내부 규정에 반영해 두는 것이 바람직합니다.

Q 마사지숍 이용료를 1회 5,000원으로 책정해 받을 수 있나요?

A 부득이한 경우에만 가능하지만, 바람직하지 않습니다.

사내근로복지기금이 운영하는 복지사업은 원칙적으로 무상 또는 최소한의 비용 부담으로 제공되어야 하며, 이익을 목적으로 해서는 안 됩니다. 따라서 근로자에게 이용료를 받는 경우는 운영 유지에 필요한 최소 범위 내에서만 예외적으로 허용됩니다.

예를 들어, 마사지숍 운영에 필수적인 소모품비나 외부 전문인력 인건비 일부를 보전하기 위해 최소한의 금액을 받는 것은 가능하나,

이용료가 실제 원가를 초과하거나 수익 창출 목적이 된다면 「근로복지기본법」상 복지사업의 취지에 어긋나며, 세무상 불이익이나 제도 운영상 문제로 이어질 수 있습니다.

Q 마사지숍 운영으로 발생한 수입은 어떻게 회계 처리해야 하나요?

A 수익이 아닌 기타 운영보전금으로 처리해야 합니다.

사내근로복지기금이 운영하는 마사지숍에서 발생하는 이용료는

영리활동을 통한 수익이 아니라, 운영 경비를 일부 보전하기 위한 부수적 금액입니다. 따라서 이를 일반적인 매출이나 영업수익으로 인식하면 안 되며, 회계상 '운영보전금', '기타수입'과 같은 별도의 계정으로 처리해야 합니다.

이 방식은 기금이 영리 목적이 아닌 비영리 법인이라는 성격을 명확히 하고, 세무상 불필요한 오해를 방지하기 위한 중요한 절차입니다.

또한 해당 금액의 사용 내역은 정관과 복지기금협의회 의결을 거쳐 전액 복지사업 경비로만 집행해야 하며, 다른 목적에 전용해서는 안 됩니다.

Q 만약 마사지사업이 수익사업으로 간주될 경우 문제가 되나요?

A 네, 상당히 문제가 됩니다.

사내근로복지기금은 「근로복지기본법」 제63조에서 규정한 운용 방법과 목적 범위를 벗어난 수익사업을 할 수 없습니다.

마사지사업이 복지 목적이 아닌 영리 목적의 수익사업으로 간주되면 다음과 같은 위험이 발생합니다.

- 법령 위반 : 기금 설립 목적과 상충되어 감독기관의 시정명령, 사업 제한 등의 제재를 받을 수 있습니다.

- 세무 리스크 : 수익사업으로 인한 법인세 부과, 부당행위계산 부인 적용 등 불필요한 과세가 발생할 수 있습니다.

따라서 마사지숍 운영은 철저히 비영리·원가보전 범위에서 관리하고, 정관과 사업계획서에 복지 목적임을 명확히 규정하는 것이 안전합니다.

Q 마사지숍을 복지사업으로 인정받고 운영하려면 어떤 절차를 따라야 하나요?

A 다음과 같은 절차를 따르는 것이 권장됩니다.

- 정관 개정 또는 복지사업 항목 명시 :
  마사지숍 운영을 '직원 건강증진을 위한 복지시설 운영' 등의 항목으로 명시해야 합니다.

- 복지기금협의회 의결 :
  운영 계획, 예산, 근로자 이용 조건 등을 포함한 안건을 의결해야 합니다.

- 이용료 징수 시 기준 마련 :

이용료 징수의 불가피성을 설명하고, 원가 기반의 최소 금액임을 정관 또는 별도 내규에 명시합니다.

- 운영 보고 및 투명한 회계처리 :

수입·지출 내역을 운영보고서에 포함시켜야 하며, 일반 수익으로 인식하지 않도록 주의합니다.

Q 비연고지에 발령이 난 경우, 사내근로복지기금으로 주택 월 임차료를 지원할 수 있나요?

A 가능합니다.

사내근로복지기금은 근로자의 재산 형성 및 생활 원조를 위한 복지사업을 시행할 수 있으며, 그 내용은 기금법인의 정관에 따라 정할 수 있습니다(「근로복지기본법」 제62조 제1항, 시행령 제46조 제2항).

비연고지 발령으로 인한 주거비 부담을 줄이기 위한 임차료 지원도, 회사가 임의로 기금법인의 정관에 반영하고 복지기금협의회의 결정을 거쳐 시행한다면 적법한 복지사업으로 인정받을 수 있습니다.

Q 사내근로복지기금의 장점은 체감됩니다. 단점이나 한계 같은 것도 있을까요?

A 유보금의 확보 등 한계가 존재합니다.

1. 사내근로복지기금은 출연금 전액을 즉시 복지사업에 사용할 수 없습니다. 법령에 따라 출연금의 20%(10%)를 반드시 유보금으로 적립해야 하며, 이 유보금은 사용 목적이 제한됩니다. 다만 이 유보금은 단순히 묶여 있는 자금이 아니라, 근로자 대부사업이나 자산성 취득에 활용할 수 있습니다. 이를 통해 긴급 생활자금, 학자금, 주거자금 등 실질적인 복지 수단으로 기능할 수 있습니다.

2. 사내근로복지기금은 한 번 설립하면 정해진 법정 사유 외에는 해산할 수 없습니다. 이는 제도의 공공성과 지속성을 보장하기 위한 규정이지만, 경영상 변화나 인력 구조 개편으로 복지기금 운영이 부담스러워진 경우에도 쉽게 없앨 수 없다는 점에서 사업주 입장에선 고려가 필요합니다.

Q 치킨 프랜차이즈 가맹점(개인사업자)에서 일하는 직원도 사내근로복지기금 혜택을 받을 수 있나요?

A 아쉽지만, 일반적으로는 어렵습니다.

사내근로복지기금의 수혜 대상은 "임금을 목적으로 사업장에 소속되어 일하는 근로자"를 뜻합니다. 즉, 해당 회사 소속 직원이어야 합니다.

기금법인은 일부 예외적으로, 해당 회사로부터 도급받은 협력업체 직원이나 파견 근로자에게도 복지사업을 시행할 수 있도록 되어 있습니다. 하지만 프랜차이즈 가맹점 직원은 이와 다릅니다.

가맹점은 본사와 독립된 개인사업장이며, 본사와 직접적인 고용관계가 없습니다. 또한 도급이나 파견 관계도 아니기 때문에, 사내근로복지기금 수혜 대상에는 포함되지 않는다고 보는 것이 일반적인 해석입니다.

즉, 치킨 가맹점에서 일하는 직원이 본사에서 만든 사내근로복지기금 혜택을 받기는 어렵다고 이해하시면 됩니다.

Q 모회사가 만든 사내근로복지기금에서 자회사 직원도 혜택을 받을 수 있나요?

A 일반적으로는 어렵습니다.

사내근로복지기금은 원칙적으로 해당 기금을 설립한 회사(모회사)의 소속 근로자를 대상으로 복지 혜택을 제공합니다. 따라서 자회사 직원은 모회사의 인사·노무 체계에 속하지 않기 때문에, 원칙적으로는 복지기금 수혜 대상에 포함되지 않습니다.

다만 예외적으로, 자회사 직원이 모회사로부터 직접 도급받은 업체의 소속 근로자이거나, 파견근로자로서 모회사 사업장에서 근무하는 경우에는 「근로복지기본법」 제62조 제1항 제6호에 따라 복지기금의 지원을 받을 수 있습니다. 이 경우에도 정관이나 사업계획서에 해당 근로자를 복지사업 대상에 포함하는 규정을 명시해야 하며, 사업 목적에 부합하는 범위 내에서만 지원이 가능합니다.

Q 그렇다면 자회사에는 수익이 없어도, 모회사가 대신 기금을 출연해서 자회사 기금을 만들 수 있나요?

A 불가능합니다.

사내근로복지기금은 「근로복지기본법」 제50조 및 제52조에 따라 해당 사업장, 즉 자회사가 직접 주체가 되어 설립해야 합니다. 기금은 사업주의 출연을 기반으로 하며, 설립 절차 역시 해당 사업주가 주도적으로 추진해야 합니다. 설립 과정에는 정관 작성, 노사 협의 또는 이사회 의결, 고유 번호증 발급 등 법적으로 요구되는 단계가 포함되며, 이는 자회사 자체의 명의로 진행되어야 합니다.

다만, 자회사 기금이 이미 법적으로 설립된 이후에는 모회사가 후원자(제3자)의 자격으로 출연금을 지원할 수 있습니다. 이 경우에도 모든 출연금은 자회사 기금 계좌를 통해 투명하게 관리되어야 하며, 출연 목적과 사용 계획이 정관 및 사업계획서에 반영되어야 합니다.

Q 회사가 기존에 하던 건강검진 제도를 공동근로복지기금 사업으로 바꿨다면, 복지 감축으로 볼 수 있나요?

A 반드시 그런 건 아닙니다.

• 기존 회사 제도 : 2년에 1번, 35세 이상 10년 근속자 대상 → 회사가 직접 실시

• 변경된 제도 : 1년에 1번, 40세 이상 3개월 근속자 대상 → 공동근로복지기금에서 실시

이처럼 일부 대상(예 : 35~39세 직원)이 빠졌다고 해서 무조건 감축으로 판단되진 않습니다. 법에서는 제도 변경의 필요성과 합리성, 수혜 대상 범위, 시행 빈도 등 여러 요소를 종합적으로 고려해야 한다고 명시하고 있습니다.

Q 그러면 기존보다 수혜 대상이 줄었는데도 복지 감축이 아니라는 건가요?

A 네, 그렇습니다.

수혜 대상이 줄어든 것만으로 곧바로 '복지 감축'으로 단정할 수는 없습니다. 「근로복지기본법」 제68조는 기금 설립을 이유로 기존 복지제도를 중단하거나 감축해서는 안 된다고 규정하고 있지만, 여기서 말하는 '감축'은 단순히 인원수가 줄어드는 것이 아니라, 전체적인 복지 수준이나 혜택의 질이 하락하는 경우를 의미합니다.

예를 들어, 기존에는 2년에 한 번 제공하던 복지를 매년 시행하게 되었다거나, 지원 금액이 늘고 혜택 범위가 넓어져 개별 근로자가 누릴 수 있는 복지의 질이 높아졌다면, 수혜 인원이 일부 줄었더라도 이는 제도 개선으로 평가될 수 있습니다.

따라서, 복지 변화가 감축인지 여부는 수혜 빈도, 지원 수준, 혜택의 질과 범위를 종합적으로 고려해 판단해야 합니다.

Q 복지 감축 여부는 회사가 돈을 적게 쓰면 감축인 건가요, 아니면 근로자가 혜택을 덜 받으면 감축인가요?

A 이 또한 단순히 돈 기준이나 수혜자 기준으로만 판단할 수 없습니다.

예를 들어

- 기존 : 회사가 연 1,000만 원 직접 복지 비용 지출
- 변경 : 회사가 900만 원 지출 + 공동근로복지기금 100만 원 지원

이 경우, 단순히 회삿돈이 줄었다고 해서 감축이라 보기도 어렵고, 일부 직원이 혜택을 못 받는다고 해서 감축이라 보기도 어렵습니다.

복지 관련 법령, 취업규칙, 단체협약 등에서 어떤 의무가 있는지, 복지제도가 어떤 방식으로 운영되는지를 종합적으로 살펴야 합니다.

Q 회사에서 운영하던 복지포인트 제도를 사내근로복지기금으로 옮기면 근로조건 저하가 아닌가요?

A 네, 근로조건 저하가 아닙니다.

「근로복지기본법」 제68조는 사내근로복지기금의 설립을 이유로 기존 복지제도를 중단하거나 감축하는 것을 금지하고 있습니다. 하지만 현재 운영 중인 복지포인트 제도를 동일하거나 더 나은 수준의 복지로 사내근로복지기금 법인(기금법인) 사업으로 이관하는 경우, 이는 '형식의 변화'일 뿐 복지 자체의 축소로 보지 않습니다.

다만, 이를 위해서는 복지기금협의회의 정식 협의와 정관에 해당

사업 반영이 필수이며, 취업규칙에도 변경 사항을 명확히 기재해야 합니다. 또한 복지포인트의 금액, 사용 범위, 지급 주기 등이 기존보다 불리하게 변경되지 않도록 설계해야 합니다.

결국 절차가 적법하게 진행되고 복지 수준이 유지·향상된다면, 복지포인트 제도의 기금 이전은 근로조건 저하가 아니라 복지 운영의 합리적 개선으로 평가됩니다.

Q 기금 설립 인가 전에 복지포인트를 취업규칙에서 삭제해야 하나요?

A 반드시 선·후관계가 정해진 것은 아닙니다.

즉, 먼저 기금을 설립하고 나중에 취업규칙을 바꾸는 것도 가능하다는 뜻입니다.

다만, 기금 설립과 동시에 복지포인트 제도를 통합하려는 계획이 있다면, 취업규칙 변경이 선행되어야 합니다.

정리하자면, 복지포인트 제도를 기금으로 옮기려면 아래 세 가지를 체크해야 합니다.

- 복지기금협의회 협의를 거쳤는가?
- 기금법인 정관에 해당 사업이 포함되어 있는가?
- 취업규칙을 정식 절차에 따라 변경했는가?

이 세 가지가 충족되면, 기존 복지제도를 기금으로 옮기는 것은 법적으로도 실무적으로도 가능하다는 결론입니다.

Q 직원이 개인회생 절차를 밟아 기금에서 대출한 자금을 상환하지 못했습니다. 이에 따라 정관을 변경해 해당 직원의 기금 수혜를 중지했는데, 이런 조치가 법적으로 문제가 없을까요? 그리고 기금 혜택은 임금에 해당하나요?

A 법적으로 문제없으며 기금혜택은 임금이 아닙니다.

사내근로복지기금은 「근로복지기본법」에 따라 독립된 법인격을 가진 별도의 기금법인입니다. 이 기금이 제공하는 급부는 사업주가 지급하는 임금이 아니라, 정관에 따라 복지를 목적으로 제공되는 혜택이므로 원칙적으로 임금으로 간주되지 않습니다.

따라서 직원이 기금에서 받은 대출을 상환하지 못하고, 이에 따라 기금에 손해를 끼친 경우에는 기금법인은 정관이 정한 절차에 따라 해당 직원의 향후 대부를 제한하거나, 필요시 타 복지사업의 수혜도 합리적인 범위 내에서 제한할 수 있습니다.

즉, 사내근로복지기금의 혜택은 임금이 아니므로, 상황에 따라 수혜 제한이 가능하며 위 사례와 같은 수혜 중단 조치도 원칙적으로 문제가 되지 않습니다.

Q 사내근로복지기금의 출연금 일부로 마련한 근로자용 콘도미니엄이 만기되어 보증금을 반환받게 되었습니다. 이 보증금을 활용해 같은 목적의 콘도미니엄을 재구매하려고 할 때, 사측 판단으로 진행할 수 있는지, 복지기금협의회의 의결이 필요한지 궁금합니다. 만약 필수 의결사항이라면, 이를 위반했을 경우 과태료나 법적제재가 있는지도 알려주세요.

A 의결이 필요합니다.

사내근로복지기금법인(이하 '기금법인')은 사업주(사측)의 일반 자산과는 분리된 독립적인 법인이며, 복지기금협의회와 이사, 감사 등의 조직을 갖추고 운영됩니다.

따라서 기금법인의 사업인 콘도미니엄 재구매는 사측이 단독으로 판단하여 진행할 수 있는 사안이 아니며, 반드시 복지기금협의회의 협의 및 결정을 거쳐야 합니다.

비록 기존과 동일한 용도이자, 수혜자의 혜택 범위에 변화가 없다 하더라도, 사업계획에 포함된 항목으로 복지기금협의회의 의결을 거치는 것이 원칙입니다.

Q 사내근로복지기금의 수혜 대상이 아닌 사람에게 복지 혜택이 잘못 지급되었고, 해당 사실을 늦게 확인했다면 기금 계좌로 집행된 금액은 어떻게 처리해야 하나요?

A 수혜 대상이 아닌 사람에게 지급된 금액은 반드시 기금 계좌로 환수해야 합니다.

사내근로복지기금법인(이하 '기금법인')은 「근로복지기본법」 제62조에 따라 근로자의 재산 형성과 생활원조를 위한 사업만을 수행할 수 있으며, 수혜자는 동법 제2조 제1호에 규정된 근로자로 한정됩니다.

이 경우 기금법인은
1. 오지급 사실 확인 후 즉시 기록을 남기고

2. 사업주와의 정산 또는 해당 수령자로부터 직접 환수하는 절차를 밟아야 하며

3. 회수 금액은 반드시 기금 계좌로 재입금하여 복지사업 재원으로 복원해야 합니다.

또한, 향후 동일한 오류를 방지하기 위해 수혜자 자격 검증 절차를 강화하고, 지급 전·후로 이중 확인 시스템을 운영하는 것이 바람직합니다.

Q 사내근로복지기금은 사업장에서 기금을 출연하는데, 회계처리는 사업장의 회계와 분리하여 운영되어야 하나요?

A 그렇습니다.

사내근로복지기금은 「근로복지기본법」에 따라 독립된 법인격을 가진 별도의 주체로, 사업주와는 권리와 의무가 명확히 구분됩니다. 따라서 기금법인의 자산·부채·수익·비용은 사업주의 회계와 혼합될 수 없으며, 반드시 별도의 회계장부를 통해 관리해야 합니다.

이러한 회계 분리는 단순한 절차가 아니라 기금의 독립성과 자율성을 보장하기 위한 핵심 원칙입니다.

만약 사업장 회계와 기금 회계가 뒤섞이면, 세무상 불이익이나 법령 위반 문제가 발생할 수 있으며, 심할 경우 세제 혜택이 취소되거나 복지사업 운영에 제약이 생길 수 있습니다.

Q 올해 설립된 회사도 용역계약 등으로 발생한 이윤을 활용하여 사내근로복지기금을 조성할 수 있나요? 아니면 내년 회계 결산이 끝나고 '세전 당기순이익'이 확정된 이후에만 기금 조성이 가능한가요? 또한, 당기순이익이 발생하지 않는 경우에는 어떤 방식으로 기금을 조성할 수 있을까요?

A 사내근로복지기금은 반드시 전년도 '세전 당기순이익'을 근거로만 출연해야 하는 것은 아닙니다.

「근로복지기본법」 제61조 제1항에 따라 순이익의 일부를 출연할 수 있으나, 같은 조 제2항에서는 사업주가 유가증권, 현금, 기금법인의 업무 수행상 필요한 부동산 또는 정관에서 정한 재산을 출연할 수도 있도록 하고 있습니다.

따라서, 올해 설립된 회사라 하더라도 당기순이익이 아직 발생하지 않았거나 회계 결산이 완료되지 않았더라도, 대표자 또는 사업주가 위에 해당하는 재산을 출연하는 방식으로 사내근로복지기금을 조성할 수 있습니다.

Q 직원들의 급여 공제로 운영되는 사우회 자산을 사내근로복지기금에 출연할 수 있나요?

A 출연할 수 없습니다.

사내근로복지기금은 사업주가 사업 이익의 일부를 재원으로 조성해 근로자를 위한 복지사업을 수행하는 제도입니다. 따라서, 노사합의에 따라 급여에서 공제된 금액으로 운영되는 사우회의 자산(예 : 현금, 타회사 주식 등)을 사내근로복지기금에 출연하는 것은 제도의 본래 취지에 어긋납니다.

즉, 사우회는 근로자의 자율적 기부금으로 조성된 자산을 보유한 단체이고, 이 자산은 근로자가 직접 형성한 것이므로 이를 기금법인에 출연하는 것은 허용되지 않는 것으로 해석됩니다.

기금 출연 재원은 반드시 사업주가 출연하는 형태여야 하며, 직원 개개인의 금전이 포함된 자산은 원칙적으로 인정되지 않습니다.

Q 사내근로복지기금법 제13조 제1항에서는 직전 사업연도 순이익의 5%를 기준으로 출연할 수 있다고 되어 있습니다. 이 조항은 강제 조항인가요? 협의회에서 장기간 출연을 하지 않기로 하면 고용노동부의 시정명령이나 출연 권고가 나올 수 있나요?

A 아닙니다.

사내근로복지기금 출연은 「근로복지기본법」 제61조 제1항에 따라 사업주의 자율적인 결정사항입니다.

해당 조항은 사업주가 법인세 또는 소득세 차감 전 순이익의 5%를 기준으로 출연할 수 있다고 규정하고 있지만, 출연 의무가 있는 것은 아니며 강제조항도 아닙니다.

따라서, 복지기금협의회에서 출연금액에 대한 협의가 오랫동안 이루어지지 않거나, 출연 자체가 장기간 이루어지지 않더라도, 고용노동부에서 시정명령을 내리거나 출연을 강제하거나 권고하는 행정지도를 할 법적 근거는 없습니다.

Q 퇴사자가 상환하지 않은 대부금은 손실로 처리해도 되나요?

A 가능합니다.

「근로복지기본법 시행령」 제48조에 따르면, 사내근로복지기금의 회계는 기업회계의 원칙에 따라 처리해야 합니다. 따라서 퇴사자가 상환하지 않은 대부금은 회수 가능성을 검토한 후, 기업회계기준에 따라 대손 처리(손실 인식)가 가능합니다.

실무적으로는
1. 퇴사자의 상환 의사와 능력을 확인하고
2. 변제 독촉 및 합의 절차를 거친 후
3. 회수 불가능하다고 판단되는 시점에서 대손충당금 설정 또는 대손상각 처리를 하게 됩니다.

다만, 손실 처리 후에도 추후 변제 가능성이 생기면 이를 대손충당금 환입으로 회계에 반영해야 합니다.

Q 대부금을 연체했을 때 적용되는 법정 연체이자율이 있나요?

A 없습니다.

사내근로복지기금의 대부금에 대한 연체이자율은 「근로복지기본법」 및 시행령에서 별도로 규정하고 있지 않습니다.

따라서 연체이자율은 다음과 같은 방식으로 사전에 정해 두어야 합니다.

1. 기금 정관에 명시

2. 대부약정서에 연체이자율과 부과 방법 기재

3. 복지기금협의회 의결을 통한 내부 규정화

이러한 기준이 마련되어 있어야 연체 발생 시 명확하게 적용할 수 있으며, 사전 고지 없이 자의적으로 연체이자를 부과하는 것은 분쟁 소지가 있으므로 주의가 필요합니다.

Q 사내근로복지기금에서 주택자금을 대출한 직원 A가 사망한 경우, 남은 대출 잔액을 유족에게 상환 청구하지 않고 손실로 처리하면 세무상 또는 법적으로 문제가 생기나요?

A 경우에 따라 다를 수 있습니다.

기본적으로 사내근로복지기금법인(이하 '기금법인')은 「근로복지기본법」 제62조 제3항 및 같은 법 시행령 제46조 제8항에 따라, 근로자의 생활 안정과 재산 형성 지원을 목적으로 주택자금을 대부할 수 있습니다.

다만, 근로복지기본법령은 이자율, 상환기간, 상환방법 등에 대해 구체적으로 정하고 있지 않습니다.

사망과 같은 사유로 퇴직한 경우, 원칙적으로 기금법인의 수혜대상(법 제2조에 따른 근로자)에서 제외되며, 대부금은 전액 일시 상환하는 것이 원칙입니다.

그러나 정관에 근로자의 사망 등 불가피한 사정에 따라 일시 상환의 예외를 둘 수 있다는 규정이 있다면, 유족에게 상환을 청구하지 않고 손실 처리하는 것도 가능할 수 있습니다.

Q 근로자의 주택 구입 및 임차를 위한 자금을 사내근로복지기금에서 무이자로 대부하는 것이 가능한가요?

A 네, 가능합니다.

사내근로복지기금(이하 '기금')은 「근로복지기본법」 제62조 제3항에 따라 근로자의 생활 안정 및 재산 형성 지원을 목적으로 자금을 대부할 수 있습니다.

이때 대부 조건 예를 들어 이자율, 상환 기간, 상환방법, 담보 여부는 법령에서 일률적으로 정하지 않고, 복지기금협의회의 협의·결정을 통해 자율적으로 설정하도록 하고 있습니다.

따라서 협의회에서 무이자 대부를 명확히 의결하고 이를 정관 또는 대부 약정서에 반영한다면, 무이자 지원은 법적으로 전혀 문제가 되지 않습니다.

Q 근로자 내일채움공제, 청년내일채움공제, 청년재직자 내일채움공제에 가입한 직원의 적립금을 사내근로복지기금에서 대신 납부해 줄 수 있나요?

A 어렵습니다.

사내근로복지기금법인(이하 '기금법인')은 「근로복지기본법」 제62조 제1항 및 같은 법 시행령 제46조 제2항에 따라, 사용자가 임금 또는 법령상 지급의무가 없는 항목에 대해 근로자의 재산 형성이나 생활 안정을 지원하는 사업을 정관에 따라 시행할 수 있습니다.

'내일채움공제', '청년내일채움공제', '청년재직자 내일채움공제'는 「중소기업 인력지원 특별법」에 따른 제도로, 근로자가 일정 금액을 적립해야 사업주와 정부의 지원을 받을 수 있도록 설계되어 있습니다.

따라서 일부 근로사에게만 석용 가능한 '내일채움공제' 등에서 근로자 적립금을 대신 납부하는 것은 전체 수혜자에게 공평한 복지를 제공한다는 기금의 목적에 부합하지 않으므로, 기금사업으로 보기 어렵습니다.

Q 정년퇴직 예정 근로자에게 생활보조자금 명목으로 연금 형태로 일정 금액을 퇴직 후에도 지급할 수 있나요?

A 불가능합니다.

「근로복지기본법」 제2조 제1호에 따라, 사내근로복지기금의 수혜 대상은 임금을 목적으로 사업 또는 사업장에 근로를 제공하는 근로 자입니다.

즉, 퇴직하는 순간 해당 자격이 상실되며, 퇴직자는 더 이상 기금 의 복지 혜택을 받을 수 없습니다.

따라서 정년퇴직자에게 생활보조자금이라는 명목으로, 퇴직 이후 일정 기간 동안 연금 형태로 금액을 지급하는 방식은 법령상 허용되 지 않습니다.

Q 만약 상품권 이용처에 '요식업'이 추가되면 목적사업에 해당되나요?

A 원칙적으로 가능합니다.

요식업이 포함된다고 하더라도, 그 상품권 지급이 사용자에게 법적 지급 의무가 없고, 정관에 복지사업으로 규정되어 있으며,

기금법인의 복지기금협의회의 의결을 거친다면,

기금사업 목적이 근로자의 생활 원조 및 복지 증진임이 명백하다면,

요식업을 포함한 상품권 지급 역시 근로자의 생활 안정 및 복지 향상을 위한 목적사업으로 인정될 수 있습니다.

다만,
단순한 식사 제공이나 일률적인 현금성 복지수당 성격으로 오인될 여지가 없도록,
사용 용도, 지급 방식, 지급 대상 등 세부 기준은 정관 및 내규로 명확히 규정하는 것이 중요합니다.

Q 사내근로복지기금을 통해 당사와 도급계약을 체결한 용역업체 직원에게 경조비를 지급할 수 있는지, 그리고 정규직 근로자와 동일하지 않은 일부 항목만 적용해도 문제가 없는지?

A 정관에 있다면 가능합니다.

사내근로복지기금은 해당 사업으로부터 직접 도급받은 업체 소속 근로자 및 해당 사업에 파견된 근로자의 복리후생 증진을 위한 사업을 시행할 수 있습니다.

정관이 정하는 바에 따라 합리적인 기준을 설정하면, 정규직과 동일한 수준이 아닌 일부 항목만을 적용하여도 가능합니다.

따라서, 도급계약을 통해 근무하는 용역직원에게 일부 항목의 경조비만 지급하더라도, 그 기준이 정관에 명시되어 있고 합리적이라면 문제가 되지 않습니다.

Q 사내근로복지기금을 통해 지역화폐를 구매하여 회사 구성원들에게 지급할 수 있는지?

A 가능합니다.

사내근로복지기금법인(이하 '기금법인')은 「근로복지기본법」 제62조 제1항 및 시행령 제46조 제2항에 따라, 사용자에게 지급 의무가 없는 범위 내에서 근로자의 생활 안정 및 재산 형성을 지원하기 위한 사업을 정관에 따라 수행할 수 있습니다.

따라서 지역화폐 지급이 취업규칙이나 단체협약 등에 따라 사용자의 지급 의무가 아닌 경우, 복지기금협의회 결정과 정관 규정에 따라 기금사업으로 시행 가능합니다.

Q 사내근로복지기금에서 근로자에게 임금 대체적 성격의 지원을 할 수 없는 것으로 알고 있는데, 임금 대체성 또는 보완성을 구분하는 기준이 무엇인지 구체적인 예를 들어 설명해 주시기 바랍니다.

A 사내근로복지기금법인(이하 '기금법인')은 『근로복지기본법』 제62조 제1항 및 같은 법 시행령 제46조 제2항에 따라, 사용자가 임금이나 그 외의 법령, 단체협약, 취업규칙 등에 따라 근로자에게 지급할 의무가 있는 것이 아닌 사업으로서, 근로자의 생활 안정 및 재산 형성을 지원하기 위해 정관으로 정한 사업을 시행할 수 있습니다.

따라서 기금법인은 사업주가 근로자에게 지급할 의무가 있는 임금을 사실상 대체하거나 보전하는 성격의 금품을 근로자에게 지급할 수 없습니다.

임금 대체적·보전적 성격의 판단 기준은 현행 법령에 구체적으로 규정되어 있지는 않으나,
일반적으로 아래의 기준을 종합적으로 고려하여 판단할 수 있습니다.

1. 근로제공의 대가인지 여부
   - 근로를 제공한 것에 대한 대가로 지급되는 경우, 이는 임금의 성격을 가집니다.

2. 실제 사용 용도에 따라 지급되는지 여부

- 여행비, 건강검진비, 문화활동비, 체육활동비 등 특정 용도로
  만 사용할 수 있도록 제한되어 있는 금품은 임금과 성격이 다
  릅니다.

3. 소정의 요건에 따라 지급되는지 여부

- 주택구입자금, 장학금, 재난구호금, 경조사비 등 특정 요건을
  충족하는 경우에만 지급되는 금품은 복지사업의 성격으로 판
  단될 수 있습니다.

- 전 근로자에게 연말 성과급 명목으로 일정 금액의 현금을 일
  률적으로 지급하는 경우 : 임금 대체적 성격으로 볼 수 있어
  부적절

  결론적으로, 기금에서 지급하는 금품이 근로의 대가인지 여부와
사용 목적의 명확성, 조건부 지급인지 여부를 기준으로 하여 임금
대체성이 있는지 여부를 판단해야 하며, 실제 사용 용도와 관계없이
일률적으로 현금이 지급되는 형태는 기금사업으로서 부적절할 수
있습니다.

Q 당사의 해외공장에 파견·근무하는 한국인 직원은 본사에서 급여를 지급하고, 4대 보험 또한 본사에 귀속되는데, 이러한 직원들도 사내근로복지기금의 수혜를 받을 수 있는가?

A 네, 가능합니다.

사내근로복지기금법인은 「근로복지기본법」 제62조에 따라 수익금 등을 활용해 근로자의 재산 형성과 생활 원조를 위한 복지사업을 시행할 수 있으며, 수혜 대상은 같은 법 제2조 제1호에서 정의한 '근로자'입니다.

따라서 해외 파견 근로자라 하더라도, 임금을 목적으로 종속적인 관계에서 귀 사업 또는 사업장에 근로를 제공하고 있으며, 급여 지급 주체와 4대 보험 가입 주체가 본사라면, 원칙적으로 국내 근로자와 동일하게 복지기금의 혜택을 받을 수 있습니다.

다만, 실제 사업 시행 시에는 정관에 해외 근로자에 대한 복지 제공 범위를 명확히 규정하고, 지원 절차와 방식(예 : 환율 적용, 지급 경로)을 사전에 마련해 두는 것이 안전합니다.

Q 해외 파견 근로자에게 주택보조금을 지급하고자 하는데, 해외의 특성상 국민주택규모(25.7평) 이하의 사택이 거의 없습니다. 이 경우에도 해당 근로자들에게 주택보조금을 지원할 수 있나요?

A 가능합니다.

기금법인은 「근로복지기본법」 제62조 제1항 제1호에 따라 근로자의 주택구입자금 등을 보조할 수 있으며, 사내·공동근로복지기금 업무처리지침(고용노동부 예규 제169호, 2020. 2. 11. 시행) 제17조 제4항에서는 무주택 근로자로서 국민주택규모(85㎡ 이하)를 취득하려는 근로자를 우선 지원하도록 권장하고 있습니다.

이는 근로자가 실제로 주택을 '취득'하려는 경우에 적용되는 원칙으로, 귀 질의와 같이 해외 파견 근로자의 주거 비용을 일시적으로 지원하는 성격의 보조금에 대해서는 해당 제한을 직접적으로 적용하기 어렵습니다.

따라서, 해당 보조금이 사용자의 의무사항이 아니고, 기금법인의 정관에 따라 해외 파견 근로자의 생활 안정을 위한 복지사업으로 시행된다면 국민주택규모 초과 여부에 관계없이 지원이 가능할 것으로 판단됩니다.

Q 비연고지 발령자의 연고지 이동을 위한 자가용 주유비, 대중 교통비를 사내근로복지기금으로 지원할 수 있는지, 지원 가능하다면 그 절차는 어떻게 되는지?

A 가능합니다.

사내근로복지기금법인은 「근로복지기본법」 제62조 제1항 및 시행령 제46조 제2항에 따라, 사용자가 임금 또는 기타 법령, 단체협약, 취업규칙 등에 따라 지급할 의무가 없는 항목에 대해서는 근로자의 생활 안정 및 재산 형성을 위한 목적사업으로 정관에서 정한 경우 사업을 수행할 수 있습니다.

따라서 비연고지 발령자의 연고지 이동 관련 실비(자가용 주유비, 대중 교통비) 지원이 취업규칙이나 단체협약 등에 명시된 사용자의 지급 의무가 아닌 경우라면, 사내근로복지기금의 정관에 해당 내용을 포함하고 복지기금협의회에서 의결을 거쳐 기금사업으로 시행할 수 있습니다.

Q 당사 기숙사 내 문화센터 공간에 스포츠시설로 스크린골프장을 신규 설치하려고 합니다. 인테리어, 리모델링, 비품(스크린골프 관련 장비 등 필요한 물품) 등을 사내근로복지기금을 통해 지원할 수 있나요?

A 가능합니다.

사내근로복지기금법인(이하 '기금법인')은 「근로복지기본법」 제62조 제1항 제5호 및 시행규칙 제26조 제1항에 따라 근로자의 여가·체육 및 문화활동을 위한 복지회관을 설치·운영할 수 있습니다.

스크린골프장은 여가·체육 활동을 위한 복지회관에 준하는 시설로 볼 수 있으므로, 기금법인의 정관에 따라 인테리어·리모델링 비용과 관련 비품을 지원할 수 있습니다.

Q 사내근로복지기금을 통한 선택적 복지제도를 운영 중이며, 복지 카드 포인트를 반기별로 지급하고 있습니다. 연중 퇴사자가 발생할 경우, 해당자에게 지급된 포인트 중 잔여분을 월할계산하여 퇴직 시 기금으로 환입해도 되나요?

A 네, 가능합니다.

사업주는 「근로복지기본법」 제81조에 따라 근로자가 다양한 복지항목 중 선호에 따라 선택할 수 있는 선택적 복지제도를 설정해 운영할 수 있으며, 제82조 제3항에 따라 사내근로복지기금의 정관에 이를 반영하여 시행할 수 있습니다.

또한 시행규칙 제29조 제2항에 따라 선택적 복지제도의 운영 기준 (포인트 부여 기준, 기간, 퇴직 시 환수 방식 등)을 정할 수 있습니다.

이에 따라 귀사의 운영 기준에 따라 연도 중 퇴사하는 근로자에 대해 월할계산 방식으로 잔여 포인트를 정산하고, 복지기금으로 환입하는 것도 적법하게 가능하다고 판단됩니다.

Q 회사가 감자를 결의하면, 사내근로복지기금이 보유한 주식에도 영향이 있나요?

A 네, 영향을 받을 수 있습니다.

'감자'란 회사의 자본금을 줄이기 위해 발행된 주식의 수를 줄이거나 액면가를 감소시키는 절차를 말합니다.

이 과정에서 사내근로복지기금이 보유한 주식 역시 일반 주주가 보유한 주식과 동일한 권리·의무가 적용되므로, 감자 결의의 대상이 됩니다.

따라서 감자가 이루어지면 기금이 보유한 주식 수가 줄어들거나 주식 가치가 조정될 수 있으며, 경우에 따라서는 주식 일부가 소각되기도 합니다.

이로 인해 기금의 자산 규모와 운용 계획에도 영향을 줄 수 있으므로, 감자 절차 전·후에 주식 평가와 기금 운용 계획을 재검토하는 것이 필요합니다.

Q 사내근로복지기금이 보유한 주식에 대해 의결권을 행사할 수 있나요?

A 네, 가능합니다.

사내근로복지기금이 회사로부터 주식을 출연받아 소유하게 되면, 이는 일반 주주와 동일하게 주주의 권리·의무가 적용되므로 해당 주식에 대한 의결권을 행사할 수 있습니다.

다만, 의결권 행사는 기금법인의 정관에 따라야 하며, 보통 이사회 또는 복지기금협의회의 심의를 거쳐 행사 방법을 결정하게 됩니다.

특히 중요한 주주총회 안건(예 : 합병, 분할, 감자, 정관 변경 등)에 대해서는 기금의 목적과 근로자 복지 증진이라는 설립 취지에 부합하도록 신중히 검토 후 의결권을 행사해야 하며, 이사 과반수의 의결을 거쳐 공식적인 절차를 밟는 것이 원칙입니다.

부 록

사내근로복지기금 관련 법령

근로복지기본법

제50조(사내근로복지기금제도의 목적) 사내근로복지기금제도는 사업주로 하여금 사업 이익의 일부를 재원으로 사내근로복지기금을 설치하여 효율적으로 관리·운용하게 함으로써 근로자의 생활 안정과 복지증진에 이바지하게 함을 목적으로 한다.

제51조(근로자의 권익보호와 근로조건의 유지) 사용자는 이 법에 따른 사내근로복지기금의 설립 및 출연을 이유로 근로관계 당사자 간에 정하여진 근로조건을 낮출 수 없다.

제52조(법인격 및 설립) ① 사내근로복지기금은 법인으로 한다.

② 사내근로복지기금법인(이하 "기금법인"이라 한다)을 설립하려는 경우에는 해당 사업 또는 사업장(이하 "사업"이라 한다)의 사업주가 기금법인설립준비위원회(이하 "준비위원회"라 한다)를 구성하여 설립에 관한 사무와 설립 당시의 이사 및 감사의 선임에 관

한 사무를 담당하게 하여야 한다.

③ 준비위원회의 구성방법에 관하여는 제55조를 준용한다.

④ 준비위원회는 대통령령으로 정하는 바에 따라 기금법인의 정관을 작성하여 고용노동부장관의 설립인가를 받아야 한다.

⑤ 준비위원회가 제4항에 따른 설립인가를 받으려는 경우 기금법인 설립인가신청서에 대통령령으로 정하는 서류를 첨부하여 고용노동부장관에게 제출하여야 한다.

⑥ 고용노동부장관은 제5항에 따른 신청을 받은 때에는 다음 각 호의 어느 하나에 해당하는 경우를 제외하고는 설립인가를 하여야 한다.

1. 제4항에 따른 정관의 기재사항을 빠뜨린 경우

2. 제4항에 따른 정관의 내용이 제50조, 제51조 및 제62조에 위반되는 경우

3. 제5항에 따라 제출하여야 하는 서류를 제출하지 아니하거나 거짓으로 제출한 경우

⑦ 준비위원회는 제4항에 따라 설립인가를 받았을 때에는 설립인가증을 받은 날부터 3주 이내에 기금법인의 주된 사무소의 소재지에서 기금법인의 설립등기를 하여야 하며, 기금법인은 설립등기를 함으로써 성립한다.

⑧ 기금법인의 설립등기와 그 밖의 다른 등기에 관하여 구체적으로 필요한 사항은 대통령령으로 정한다.

⑨ 준비위원회는 제7항에 따라 법인이 성립됨과 동시에 제55조에

따라 최초로 구성된 사내근로복지기금협의회(이하 "복지기금협의회"라 한다)로 본다.

⑩ 준비위원회는 기금법인의 설립등기를 한 후 지체 없이 기금법인의 이사에게 사무를 인계하여야 한다.

제53조(정관변경) 기금법인의 정관을 변경하려는 때에는 대통령령으로 정하는 바에 따라 고용노동부장관의 인가를 받아야 한다.

제54조(기금법인의 기관) 기금법인에는 복지기금협의회, 이사 및 감사를 둔다.

제55조(복지기금협의회의 구성) ① 복지기금협의회는 근로자와 사용자를 대표하는 같은 수의 위원으로 구성하며, 각 2명 이상 10명 이하로 한다.

② 근로자를 대표하는 위원은 대통령령으로 정하는 바에 따라 근로자가 선출하는 사람이 된다.

③ 사용자를 대표하는 위원은 해당 사업의 대표자와 그 대표자가 위촉하는 사람이 된다.

④ 제2항과 제3항에도 불구하고 「근로자참여 및 협력증진에 관한 법률」에 따른 노사협의회가 구성되어 있는 사업의 경우에는 그 노사협의회의 위원이 복지기금협의회의 위원이 될 수 있다.

제56조(복지기금협의회의 기능) ① 복지기금협의회는 다음 사항을 협의·결정한다.

1. 사내근로복지기금 조성을 위한 출연금액의 결정

2. 이사 및 감사의 선임과 해임

3. 사업계획서 및 감사보고서의 승인

4. 정관의 변경

5. 사업 내의 다른 근로복지제도와의 통합운영 여부 결정

6. 기금법인의 합병 및 분할·분할합병

② 복지기금협의회의 운영에 관한 사항은 대통령령으로 정한다.

제57조(회의록의 작성 및 보관) 기금법인은 다음 각 호의 사항을 기록한 복지기금협의회의 회의록을 작성하여 출석위원 전원의 서명 또는 날인을 받아야 하며, 작성일부터 10년간 이를 보관하여야 한다. 이 경우 그 회의록을 전자문서로 작성·보관할 수 있다.

1. 개최 일시 및 장소

2. 출석위원

3. 협의내용 및 결정사항

4. 그 밖의 토의사항

제58조(이사 및 감사) ① 기금법인에 근로자와 사용자를 대표하는 같은 수의 각 3명 이내의 이사와 각 1명의 감사를 둔다.

② 이사는 정관으로 정하는 바에 따라 기금법인을 대표하며, 다음 각 호의 사항에 대한 사무를 집행한다.

1. 기금법인의 관리·운영에 대한 사항

2. 예산의 편성 및 결산에 대한 사항

3. 사업보고서의 작성에 대한 사항

4. 정관으로 정하는 사항

5. 그 밖에 이사가 집행하도록 복지기금협의회가 협의·결정하는 사항

③ 기금법인의 사무집행은 이사의 과반수로써 결정한다.

④ 감사는 기금법인의 사무 및 회계에 관한 감사를 한다.

제60조(이사 등의 신분) ① 복지기금협의회의 위원, 이사 및 감사는 비상근·무보수로 한다.

② 사용자는 복지기금협의회의 위원, 이사 및 감사에 대하여 기금법인에 관한 직무수행을 이유로 불이익한 처우를 하여서는 아니 된다.

③ 복지기금협의회의 위원, 이사 및 감사의 기금법인 업무수행에 필요한 시간에 대하여는 근로한 것으로 본다.

제61조(사내근로복지기금의 조성) ① 사업주는 직전 사업연도의 법인세 또는 소득세 차감 전 순이익의 100분의 5를 기준으로 복지기금협의회가 협의·결정하는 금액을 대통령령으로 정하는 바에 따라 사내근로복지기금의 재원으로 출연할 수 있다.

② 사업주 또는 사업주 외의 자는 제1항에 따른 출연 외에 유가증권, 현금, 그 밖에 대통령령으로 정하는 재산을 출연할 수 있다.

제62조(기금법인의 사업) ① 기금법인은 그 수익금으로 대통령령으

로 정하는 바에 따라 다음 각 호의 사업을 시행할 수 있다.

1. 주택구입자금등의 보조, 우리사주 구입의 지원 등 근로자 재산 형성을 위한 지원
2. 장학금·재난구호금의 지급, 그 밖에 근로자의 생활원조
3. 모성보호 및 일과 가정생활의 양립을 위하여 필요한 비용 지원
4. 기금법인 운영을 위한 경비지급
5. 근로복지시설로서 고용노동부령으로 정하는 시설에 대한 출자·출연 또는 같은 시설의 구입·설치 및 운영
6. 해당 사업으로부터 직접 도급받는 업체의 소속 근로자 및 해당 사업에의 파견근로자의 복리후생 증진

6의2. 제86조의2 제1항에 따른 공동근로복지기금 지원

7. 사용자가 임금 및 그 밖의 법령에 따라 근로자에게 지급할 의무가 있는 것 외에 대통령령으로 정하는 사업

② 기금법인은 제61조 제1항 및 제2항에 따라 출연받은 재산 및 복지기금협의회에서 출연재산으로 편입할 것을 의결한 재산(이하 "기본재산"이라 한다) 중에서 대통령령으로 정하는 바에 따라 산정되는 금액을 제1항 각 호의 사업(이하 "사내근로복지기금사업"이라 한다)에 사용할 수 있다. 이 경우 기금법인의 사업이 다음 각 호의 어느 하나에 해당하는 때에는 대통령령으로 정하는 범위에서 정관으로 정하는 바에 따라 그 산정되는 금액을 높일 수 있다.

1. 제82조 제3항에 따라 선택적 복지제도를 활용하여 운영하는 경우

2. 사내근로복지기금사업에 사용하는 금액 중 고용노동부령으로 정하는 바에 따라 산정되는 금액 이상을 해당 사업으로부터 직접 도급받는 업체의 소속 근로자 및 해당 사업에의 파견근로자의 복리후생 증진에 사용하는 경우

3. 「중소기업기본법」제2조 제1항 및 제3항에 따른 기업에 설립된 기금법인이 사내근로복지기금사업을 시행하는 경우

③ 기금법인은 근로자의 생활 안정 및 재산 형성 지원을 위하여 필요하다고 인정되어 대통령령으로 정하는 경우에는 근로자에게 필요한 자금을 기본재산 중에서 대부할 수 있다.

제63조(사내근로복지기금의 운용) 사내근로복지기금은 다음 각 호의 방법으로 운용한다.

1. 금융회사 등에의 예입 및 금전신탁

2. 투자신탁 등의 수익증권 매입

3. 국가, 지방자치단체 또는 금융회사 등이 직접 발행하거나 채무 이행을 보증하는 유가증권의 매입

4. 사내근로복지기금이 그 회사 주식을 출연받아 보유하게 된 경우에 대통령령으로 정하는 한도 내에서 그 보유주식 수에 따라 그 회사 주식의 유상증자에 참여

5. 그 밖에 사내근로복지기금의 운용을 위하여 대통령령으로 정하는 사업

제64조(사내근로복지기금의 회계) ① 사내근로복지기금의 회계연도는 사업주의 회계연도에 따른다. 다만, 정관으로 달리 정한 경우에는 그러하지 아니하다.

② 기금법인은 자금차입을 할 수 없다.

③ 매 회계연도의 결산 결과 사내근로복지기금의 손실금이 발생한 경우에는 다음 회계연도로 이월하며, 잉여금이 발생한 경우에는 이월손실금을 보전한 후 사내근로복지기금에 전입한다.

④ 사내근로복지기금의 회계 관리에 필요한 사항은 대통령령으로 정한다.

제65조(기금법인의 관리·운영 서류의 작성 및 보관) 기금법인은 다음 각 호의 서류를 대통령령으로 정하는 바에 따라 작성하여야 하며, 작성일부터 5년간 이를 보관하여야 한다. 이 경우 그 서류를 전자문서로 작성·보관할 수 있다.

1. 사업보고서
2. 재무상태표
3. 손익계산서
4. 감사보고서

제66조(기금법인의 관리·운영사항 공개) 기금법인은 제65조 각 호의 서류 및 복지기금협의회의 회의록을 대통령령으로 정하는 바에 따라 공개하여야 하며, 항상 근로자가 열람할 수 있게 하여야 한다. 이 경우 전자문서로 작성·보관하는 서류에 대해서는 정보통

신망을 이용하는 등 전자적 방법으로 공개하고 열람하게 할 수 있다.

제67조(기금법인의 부동산 소유) 기금법인은 업무수행을 위하여 필요한 경우를 제외하고는 부동산을 소유할 수 없다.

제68조(다른 복지와의 관계) ① 사용자는 기금법인의 설치를 이유로 기금법인 설치 당시에 운영하고 있는 근로복지제도 또는 근로복지시설의 운영을 중단하거나, 이를 감축하여서는 아니 된다.
② 사용자는 기금법인 설치 당시에 기금법인의 사업을 시행하고 있을 때에는 다른 법률에 따라 설치·운영할 의무가 있는 것을 제외하고는 복지기금협의회의 협의·결정에 의하여 기금법인에 통합하여 운영할 수 있다.

제69조(시정명령) 고용노동부장관은 사용자 또는 기금법인이 제60조 제2항, 제64조 및 제66조를 위반한 경우에는 상당한 기간을 정하여 시정을 명할 수 있다.

제70조(기금법인의 해산 사유) 기금법인은 다음 각 호의 사유로 해산한다. 다만, 제4호의 경우 기금법인이 그 존속을 원하는 경우에는 그러하지 아니하다.
1. 해당 사업주의 사업 폐지
2. 제72조에 따른 기금법인의 합병

3. 제75조에 따른 기금법인의 분할·분할합병

4. 해당 사업주의 제86조의2 제1항 또는 제86조의7 제1항에 따른 공동근로복지기금의 조성 참여 또는 중간 참여

제71조(해산한 기금법인의 재산처리) ① 사업의 폐지로 인하여 해산한 기금법인의 재산은 대통령령으로 정하는 바에 따라 사업주가 해당 사업을 경영할 때에 근로자에게 미지급한 임금, 퇴직금, 그 밖에 근로자에게 지급할 의무가 있는 금품을 지급하는 데에 우선 사용하여야 하며, 잔여재산이 있는 경우에는 그 100분의 50을 초과하지 아니하는 범위에서 정관에서 정하는 바에 따라 소속 근로자의 생활안정자금으로 지원할 수 있다.

② 제1항에 따른 사용 후 잔여재산이 있는 경우에는 그 잔여재산은 정관에서 지정한 자에게 귀속한다. 다만, 정관에서 지정한 자가 없는 경우에는 대통령령으로 정하는 바에 따라 제87조에 따른 근로복지진흥기금에 귀속한다.

③ 제70조 제4호의 사유로 해산한 기금법인의 재산은 해당 사업주가 참여한 제86조의3에 따른 공동근로복지기금법인에 귀속한다.

제72조(기금법인의 합병) ① 기금법인은 사업의 합병·양수 등에 따라 합병할 수 있다.

② 기금법인이 합병을 하는 경우에는 다음 각 호의 사항이 포함된 합병계약서를 작성하여 복지기금협의회의 의결을 거쳐야 한다.

1. 합병 전 각 기금법인의 재산과 합병 후 기금법인의 재산의 변동

2. 합병 대상인 각 기금법인의 근로자에 대한 합병 후 지원수준

3. 합병의 추진 일정

4. 그 밖에 합병에 관한 중요 사항

③ 제2항 제2호에 따른 지원수준은 합병 전 각 기금법인의 근로자별 평균 기금잔액, 합병 후 사업주의 출연예정액 등을 고려하여 합병 후 3년을 초과하지 아니하는 범위에서 합병 전 각 기금법인의 근로자별로 달리 정할 수 있다.

제73조(합병에 의한 기금법인의 설립 및 등기) ① 기금법인의 합병으로 인하여 기금법인을 설립하는 경우에는 사업의 합병으로 인하여 설립되는 사업의 사업주가 준비위원회를 구성하여 제52조에 따른 기금법인의 설립절차를 거쳐야 한다.

② 기금법인의 합병으로 인하여 존속하는 기금법인은 변경등기를, 소멸하는 기금법인은 해산등기를 하여야 한다.

제74조(합병의 효력발생·효과) ① 기금법인의 합병은 합병으로 인하여 설립되는 기금법인의 설립등기 또는 존속하는 기금법인의 변경등기를 함으로써 그 효력이 생긴다.

② 합병으로 인하여 설립되거나 존속하는 기금법인은 합병으로 인하여 소멸되는 기금법인의 권리·의무를 승계한다.

제75조(기금법인의 분할·분할합병) ① 기금법인은 사업의 분할·분할합병 등에 따라 분할 또는 분할합병(이하 "분할등"이라 한다)을 할

수 있다.

② 기금법인이 분할을 하는 경우에는 다음 각 호의 사항이 포함된 분할계획서를 작성하여 복지기금협의회의 의결을 거쳐야 한다.

1. 기금법인 재산의 배분

2. 분할의 추진 일정

3. 그 밖에 분할에 관한 중요 사항

③ 기금법인이 분할합병을 하는 경우에는 다음 각 호의 사항이 포함된 분할합병계약서를 작성하여 복지기금협의회의 의결을 거쳐야 한다.

1. 기금법인 재산의 배분 및 합병에 따른 기금법인 재산의 변동

2. 분할합병 대상인 각 기금법인의 근로자에 대한 합병 후 지원 수준

3. 분할합병의 추진 일정

4. 그 밖에 분할합병에 관한 중요 사항

④ 제2항 제1호 및 제3항 제1호에 따른 재산배분을 할 때에는 원칙적으로 근로자 수를 기준으로 배분하되, 분할 전 사업별 사내근로복지기금 조성의 기여도 등을 고려하여 배분할 수 있다.

⑤ 제3항 제2호의 지원수준의 결정에 관하여는 제72조 제3항을 준용한다. 이 경우 "합병"은 "분할합병"으로 본다.

제76조(분할등에 의한 기금법인의 설립 및 등기) ① 기금법인의 분할 등으로 인하여 기금법인을 설립하는 경우에는 사업의 분할·분할

합병 등으로 인하여 설립되는 사업의 사업주가 준비위원회를 구성하여 제52조에 따른 기금법인의 설립절차를 거쳐야 한다.

② 기금법인의 분할등으로 인하여 존속하는 기금법인은 변경등기를, 소멸하는 기금법인은 해산등기를 하여야 한다.

제77조(분할등의 효력발생·효과) ① 기금법인의 분할등은 분할등으로 인하여 설립되는 기금법인의 설립등기 또는 존속하는 기금법인의 변경등기를 함으로써 그 효력이 생긴다.

② 분할등으로 인하여 설립되거나 존속하는 기금법인은 분할계획서 또는 분할합병계약서에서 정하는 바에 따라 분할되는 기금법인의 권리·의무를 승계한다.

제78조(비밀유지 등) 복지기금협의회의 위원, 이사 및 감사는 그 직무수행과 관련하여 알게 된 비밀을 누설하여서는 아니 되며, 사내근로복지기금사업과 관련하여 겸직 또는 자기거래를 할 수 없다.

제80조(「민법」의 준용) 기금법인에 관하여 이 법에 규정한 것을 제외하고는 「민법」 중 재단법인에 관한 규정을 준용한다.

제80조의2 삭제

제3절 선택적 복지제도 및 근로자지원프로그램 등

제81조(선택적 복지제도 실시) ① 사업주는 근로자가 여러 가지 복지 항목 중에서 자신의 선호와 필요에 따라 자율적으로 선택하여 복지혜택을 받는 제도(이하 "선택적 복지제도"라 한다)를 설정하여 실시할 수 있다.

② 사업주는 선택적 복지제도를 실시할 때에는 해당 사업 내의 모든 근로자가 공평하게 복지 혜택을 받을 수 있도록 하여야 한다. 다만, 근로자의 직급, 근속연수, 부양가족 등을 고려하여 합리적인 기준에 따라 수혜 수준을 달리할 수 있다.

제82조(선택적 복지제도의 설계·운영 등) ① 사업주는 선택적 복지제도를 설계하는 경우 근로자의 사망·장해·질병 등에 관한 기본적 생활보장항목과 건전한 여가·문화·체육활동 등을 지원할 수 있는 개인별 추가선택항목을 균형 있게 반영할 수 있도록 노력하여야 한다.

② 사업주는 근로자가 선택적 복지제도의 복지 항목을 선택하고 사용하는 데 불편이 없도록 전산관리서비스를 직접 제공하거나 제3자에게 위탁하여 제공될 수 있도록 노력하여야 한다.

③ 선택적 복지제도는 사내근로복지기금사업을 하는 데 활용할 수 있다.

④ 제1항과 제2항에 따른 선택적 복지제도의 설계 및 운영에 필요

한 구체적인 사항은 고용노동부령으로 정한다.

제83조(근로자지원프로그램) ① 사업주는 근로자의 업무수행 또는 일상생활에서 발생하는 스트레스, 개인의 고충 등 업무저해요인의 해결을 지원하여 근로자를 보호하고, 생산성 향상을 위한 전문가 상담 등 일련의 서비스를 제공하는 근로자지원프로그램을 시행하도록 노력하여야 한다.

② 사업주와 근로자지원프로그램 참여자는 제1항에 따른 조치를 시행하는 과정에서 대통령령으로 정하는 경우를 제외하고는 근로자의 비밀이 침해받지 않도록 익명성을 보장하여야 한다.

제84조(성과 배분) 사업주는 해당 사업의 근로자와 협의하여 정한 해당 연도 이익 등의 경영목표가 초과 달성된 경우 그 초과된 성과를 근로자에게 지급하거나 근로자의 복지증진을 위하여 사용하도록 노력하여야 한다.

제85조(발명·제안 등에 대한 보상) 사업주는 해당 사업의 근로자가 직무와 관련하여 발명 또는 제안하거나 새로운 지식·정보·기술을 개발하여 해당 사업의 생산성·매출액 등의 증가에 이바지한 경우 이에 따라 적절한 보상을 하도록 노력하여야 한다. 이 경우 구체적인 보상기준은 「근로자참여 및 협력증진에 관한 법률」에 따른 노사협의회 등을 통하여 정한다.

제86조(국가 또는 지방자치단체의 지원) 국가 또는 지방자치단체는 선택적 복지제도, 근로자지원프로그램, 성과 배분, 발명·제안 등에 대한 보상을 활성화하기 위하여 필요한 지원을 할 수 있다.

제4절 공동근로복지기금 제도

제86조의2(공동근로복지기금의 조성) ① 둘 이상의 사업주는 제62조 제1항에 따른 사업을 시행하기 위하여 공동으로 이익금의 일부를 출연하여 공동근로복지기금(이하 "공동기금"이라 한다)을 조성할 수 있다.

② 공동기금 사업주 또는 사업주 이외의 자는 제1항에 따른 출연 외에 유가증권, 현금, 그 밖에 대통령령으로 정하는 재산을 출연할 수 있다.

제86조의3(공동근로복지기금법인 설립준비위원회 구성) 공동근로복지기금법인(이하 "공동기금법인"이라 한다)을 설립하려는 사업주는 공동으로 각 사업주 또는 사업주가 위촉하는 사람으로 설립준비위원회를 구성하여 설립에 관한 사무와 설립 당시의 이사 및 감사의 선임에 관한 사무를 담당하게 할 수 있다.

제86조의4(공동근로복지기금협의회의 구성) ① 공동기금법인은 기금의 운용에 관한 주요사항을 협의·결정하기 위하여 공동근로복지기금협의회(이하 "공동기금협의회"라 한다)를 둔다.

② 공동기금협의회는 각 기업별 근로자와 사용자를 대표하는 각 1인의 위원으로 구성한다. 이 경우 근로자를 대표하는 위원은 제55조 제2항을 준용하여 선출하고, 사용자를 대표하는 위원은 해당 사업의 대표자 또는 그 대표자가 위촉하는 사람이 된다.

제86조의5(공동기금제도의 촉진) 공동기금법인이 제62조 제1항에 따른 사업을 시행하는 경우에는 근로복지진흥기금에서 대통령령으로 정하는 바에 따라 필요한 비용을 지원할 수 있다.

제86조의6(기본재산의 공동기금 사업에의 사용) ① 공동기금법인은 제86조의2에 따라 출연받은 재산 또는 공동기금협의회에서 출연재산으로 편입할 것을 의결한 재산(이하 이 조에서 "공동기금법인의 기본재산"이라 한다)을 사내근로복지기금사업에 사용할 수 있다. 이 경우 공동기금법인의 기본재산 중 사용할 수 있는 금액의 산정에 관하여는 제62조 제2항을 준용한다.

② 제1항에도 불구하고 다음 각 호의 어느 하나에 해당하는 공동기금법인은 공동기금법인의 기본재산을 사내근로복지기금사업에 사용하는 경우 대통령령으로 정하는 범위에서 정관으로 정하는 바에 따라 그 산정되는 금액을 높일 수 있다.

1. 「중소기업기본법」 제2조에 따른 중소기업의 사업주(이하 이 항에서 "중소기업 사업주"라 한다)와 「대·중소기업 상생협력 촉진에 관한 법률」 제2조 제2호에 따른 대기업의 사업주가 설립한 공동기금법인

2. 둘 이상의 중소기업 사업주가 설립한 공동기금법인

제86조의7(공동기금법인에의 중간 참여) ① 공동기금법인 설립 당시 참여하지 아니한 사업주는 참여하려는 공동기금법인의 공동기금협의회의 협의·결정을 거쳐 그 공동기금법인에 참여할 수 있다.

② 제1항에 따라 공동기금법인에 참여하는 사업주의 출연금 규모 등 중간 참여에 필요한 사항은 공동기금협의회가 협의·결정한다.

제86조의8(공동기금법인의 탈퇴 및 재산처리) ① 제86조의3 및 제86조의7에 따라 공동기금법인에 참여한 사업주는 도급인·수급인 관계의 종료 등 대통령령으로 정하는 사유가 발생하는 경우 공동기금법인에서 탈퇴할 수 있다.

② 제1항에 따라 참여한 사업주가 공동기금법인에서 탈퇴하는 경우(제86조의11 제1호에 따른 해산사유에 해당하는 경우는 제외한다)에 공동기금법인은 탈퇴 시를 기준으로 해당 사업주가 공동기금법인에 출연한 비율에 따라 고용노동부령으로 정하는 방법에 의하여 산정되는 재산을 해당 사업주에게 배분하여야 한다.

③ 제2항에 따라 재산을 배분받은 사업주는 그 재산으로 사내근로복지기금을 설치하거나 사내근로복지기금의 재원으로 출연하여야 한다.

④ 제1항에 따른 공동기금법인의 탈퇴 절차 및 방법 등에 관하여 필요한 사항은 대통령령으로 정한다.

제86조의9(개별 참여 사업주의 사업 폐지에 따른 재산처리) ① 공동기금법인은 공동기금법인에 참여한 사업주가 사업을 폐지하는 경우(제86조의11 제1호에 따른 해산사유에 해당하는 경우는 제외한다)에 사업 폐지 시를 기준으로 해당 사업주가 공동기금법인에 출연한 비율에 따라 고용노동부령으로 정하는 방법에 의하여 산정되는 재산을 제71조 제1항을 준용하여 처리하여야 한다.

② 제1항에 따른 사용 후 잔여재산이 있는 경우에는 그 잔여재산은 공동기금에 귀속한다.

제86조의10(공동기금법인의 분쟁조정) 공동기금법인에서 공동기금 운용방식, 사용용도, 출연금 규모 등에 관하여 분쟁이 발생하는 경우에는 정관으로 정하는 바에 따라 처리한다. 〈개정 2020. 5. 26.〉

제86조의11(공동기금법인의 해산사유) 공동기금법인은 다음 각 호의 사유로 해산한다. 〈개정 2020. 12. 8.〉

1. 공동기금법인 참여 사업주 중 과반수 사업주의 사업 폐지나 탈퇴
2. 제86조의13에 따른 공동기금법인의 합병
3. 제86조의14에 따른 공동기금법인의 분할·분할합병

제86조의12(해산한 공동기금법인의 재산처리) 제86조의11 제1호의 사유로 공동기금법인이 해산하는 경우에는 제86조의2 및 제86조의7에 따라 공동기금법인에 출연한 비율에 따라 참여한 사업주에

게 배분하여야 하며, 잔여재산이 있는 경우에는 정관으로 정하는 바에 따라 처리한다. 〈개정 2020. 12. 8.〉

제86조의13(공동기금법인의 합병) ① 공동기금법인은 참여 사업주 중 과반수 사업주의 사업의 합병·양수 등에 따라 합병할 수 있다.
② 공동기금법인의 합병 절차 등에 관하여는 제72조 제2항 및 제3항을 준용한다.

제86조의14(공동기금법인의 분할·분할합병) ① 공동기금법인은 참여 사업주 중 과반수 사업주의 사업의 분할·분할합병 등에 따라 분할 또는 분할합병을 할 수 있다.
② 공동기금법인의 분할·분할합병 절차 등에 관하여는 제75조 제2항부터 제5항까지를 준용한다.

법인세법 시행령

※ 법인세법 시행령 제19조(손비의 범위)

법 제19조 제1항에 따른 손실 또는 비용[이하 "손비"(損費)라 한다]은 법 및 이 영에서 달리 정하는 것을 제외하고는 다음 각 호의 것을 포함한다.

22. 다음 각 목의 기금에 출연하는 금품
   가. 해당 내국법인이 설립한 「근로복지기본법」 제50조에 따른 사내근로복지기금
   나. 해당 내국법인과 다른 내국법인 간에 공동으로 설립한 「근로복지기본법」 제86조의2에 따른 공동근로복지기금
   다. 해당 내국법인의 「조세특례제한법」 제8조의3 제1항 제1호에 따른 협력중소기업이 설립한 「근로복지기본법」 제50조에 따른 사내근로복지기금
   라. 해당 내국법인의 「조세특례제한법」 제8조의3 제1항 제1호에 따른 협력중소기업 간에 공동으로 설립한 「근로복지기본법」 제86조의2에 따른 공동근로복지기금

소득세법 시행령

※ 소득세법 시행령 제55조(사업소득의 필요경비의 계산)

9. 다음 각 목의 어느 하나에 해당하는 기금에 출연하는 금품

  가. 해당 사업자가 설립한 「근로복지기본법」 제50조에 따른 사내근로복지기금

  나. 해당 사업자와 다른 사업자 간에 공동으로 설립한 「근로복지기본법」 제86조의2에 따른 공동근로복지기금

  다. 해당 사업자의 「조세특례제한법」 제8조의3 제1항 제1호에 따른 협력중소기업이 설립한 「근로복지기본법」 제50조에 따른 사내근로복지기금

  라. 해당 사업자의 「조세특례제한법」 제8조의3 제1항 제1호에 따른 협력중소기업 간에 공동으로 설립한 「근로복지기본법」 제86조의2에 따른 공동근로복지기금

상속세 및 증여세법

※ 상속세 및 증여세법 제46조(비과세되는 증여재산)

다음 각 호의 어느 하나에 해당하는 금액에 대해서는 증여세를 부과하지 아니한다.

4. 「근로복지기본법」에 따른 사내근로복지기금이나 그 밖에 이와 유사한 것으로서 대통령령으로 정하는 단체가 증여받은 재산의 가액

※ 상속세 및 증여세법 시행령 제35조(비과세되는 증여 재산의 범위등)

③ 법 제46조 제4호에서 "대통령령으로 정하는 단체"란 「근로자복지 기본법」에 따른 우리사주조합, 공동근로복지기금 및 근로복지진흥기금을 말한다.
④ 법 제46조 제5호에서 "대통령령으로 정하는 것"이란 다음 각 호의 어느 하나에 해당하는 것으로서 해당 용도에 직접 지출한 것을 말한다.
2. 학자금 또는 장학금 기타 이와 유사한 금품
3. 기념품·축하금·부의금 기타 이와 유사한 금품으로서 통상 필요하다고 인정되는 금품

4. 혼수용품으로서 통상 필요하다고 인정되는 금품

5. 타인으로부터 기증을 받아 외국에서 국내에 반입된 물품으로서
   당해 물품의 관세의 과세가격이 100만원 미만인 물품

6. 무주택근로자가 건물의 총연면적이 85제곱미터 이하인 주택(주
   택에 부수되는 토지로서 건물연면적의 5배 이내의 토지를 포함
   한다)을 취득 또는 임차하기 위하여 법 제46조 제4호의 규정에
   의한 사내근로복지기금 및 공동근로복지기금으로부터 증여받은
   주택취득보조금 중 그 주택취득가액의 100분의 5 이하의 것과
   주택임차보조금 중 전세가액의 100분의 10 이하의 것

7. 불우한 자를 돕기 위하여 언론기관을 통하여 증여한 금품

사내근로복지기금 관련 서식 등

■ 근로복지기본법 시행규칙 [별지 제13호서식] 〈개정 2016.1.19.〉

제   차 (정기·임시) 사내(공동)근로복지기금협의회 회의록

(앞쪽)

회의 일시	년 월 일(시 분 ~ 시 분)
회의 장소	

의제

협의사항

※ 별도 용지 사용 가능

결정사항

그 밖의 토의사항

210mm×297mm[백상지(80g/㎡) 또는 중질지(80g/㎡)]

구분	근로자위원	서명	사용자위원	서명
참석위원				

○○사내근로복지기금 정관

제1장 총칙

제1조(목적) 이 정관은 근로복지기본법령의 규정에 따라 사내근로복지기금을 효율적으로 관리·운영함으로써 ○○공동근로복지기금 조성에 참여한 회사 소속 근로자의 삶의 질을 향상시키고 복지증진에 이바지함을 목적으로 한다.

제2조(명칭) 이 기금은 "○○공동근로복지기금"(이하 "공동기금"이라 한다)이라 칭한다.

제3조(공동기금법인의 소재지) ○○공동근로복지기금법인(이하 "공동기금법인"이라 한다)의 주된 사무소는 ○○시에 두고, 필요시 분사무소를 둘 수 있다.

제4조(수혜 대상) ① 공동기금의 수혜 대상은 ○○공동기금 조성에 참여한 ○○주식회사(이하 "참여회사"라 한다)의 근로자와 그의 배우자 및 직계가족으로 하되, 그 수혜 대상은 별도로 정할 수 있다.
② 공동기금의 수혜 대상은 공동기금협의회가 의결하는 바에 따라 참여회사에 직접 도급하는 업체 근로자 및 참여회사에 파견된 파견업체 근로자를 포함할 수 있다.
※ 수혜대상은 공동기금법인에 참여한 회사의 근로자 전체가 대상이 되어야 한다. 직접도급체 및 해당사업에의 파견근로자동 공동기금 목적에 따라 배제

되는 근로자가 없어야 함.

※ 다만, 근속년수 등 합리적인 기준에 따라 수혜조건 등에 차등을 두는 것은 법령 및 사회상규에 반하지 않는 적정한 범위 내에서는 가능하다고 할 수 있으므로, 차등의 근거와 구체적인 내용을 정관에 기재하여야 함.

제5조(사업) ① 공동기금법인은 제1조의 목적을 달성하기 위하여 수익금으로 다음 각 호의 사업을 행하되, 공동기금법인의 사업은 근로자 전체에게 혜택을 줄 수 있도록 하고, 저소득 근로자가 우대될 수 있도록 하여야 한다.

1. 근로자 주택 구입자금의 보조. 이 경우 무주택 근로자로서 국민주택 규모 이하를 취득하려는 근로자에게 우선 지원하여야 한다.

2. 우리사주 구입자금의 지원. 다만, 우리사주 구입자금 지원은 매매차익 이용 등 다른 목적으로 사용되어서는 아니 된다.

3. 장학금·재난구호금의 지급, 그 밖에 근로자의 생활원조

4. 체육·문화 활동의 지원, 근로자의 날 행사 지원

5. 모성보호 및 일과 가정생활의 양립을 위하여 필요한 비용 지원

6. 근로자용 기숙사, 사내구판장, 보육시설(사업주의 법정 의무시설 제외), 휴양 콘도미니엄, 여가·체육 및 문화 활동을 위한 복지회관에 대한 출자·출연 또는 동 시설의 구입·설치 및 운영, 「소득세법 시행규칙」 제15조의2 제1항에 따른 사택의 운영

7. 해당 공동기금 조성에 참여한 회사로부터 직접 도급받는 업체의 소속 근로자 및 해당 사업에의 파견근로자의 복리후생 증진

8. 공동기금법인의 운영을 위한 경비 지출

[　] 사내근로복지기금법인 설립인가신청서
[　] 공동근로복지기금법인

※ 아래의 작성방법을 읽고 작성하시기 바랍니다.

접수번호	접수일		처리기간	20일

기금법인	명칭		전화번호	
	주사무소 소재지			

대표자	성명(한글)	(한자)	생년월일	
	주소		직책	

기금법인 설립준비 위원회 위원	근로자측	성명		생년월일		직책	
	사용자측	성명		생년월일		직책	

분사무소	대표자 성명	전화번호	
	소재지		

「근로복지기본법」 제52조 제5항·제86조의15 및 같은 법 시행규칙 제20조에 따라 위와 같이

[　] 사내근로복지기금법인
[　] 공동근로복지기금법인 의 설립인가를 신청합니다.

년　　　　월　　　　일

신청인 대표　　　　　　　　　　　　(서명 또는 인)

○○지방고용노동청(○○○○지청)장 귀하

첨부서류	1. 정관 1부 2. 기금법인 설립준비위원회 위원의 재직증명서나 그 밖에 신분을 증명하는 서류(근로계약서 등 소속 근로자임을 증명하는 서류를 말합니다) 1부 3. 사내(공동)근로복지기금 출연확인서 또는 재산목록 1부 4. 사업계획서 및 예산서 1부	수수료 없음

작성방법

1. 대표자란에는 기금법인 대표이사의 인적사항을, 직책란, 근로자측란, 사용자측란의 직책란에는 사업 또는 사업장에서의 직책을 적습니다.
2. 분사무소에 관한 사항은 분사무소를 설치한 경우에만 적습니다.
3. 근로자와 사용자를 대표하는 기금법인 설립준비위원회 위원이 각 4명 이상일 경우에는 별도 용지에 작성하여 첨부합니다.

처리절차

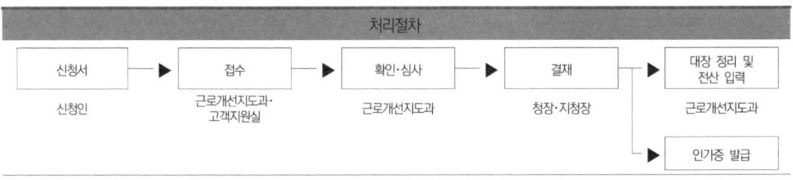

210mm×297mm[백상지(80g/㎡) 또는 중질지(80g/㎡)]

인가번호 제   호

사내(공동)근로복지기금법인 설립인가증

1. 기금법인 명칭 :

2. 주사무소 소재지 :

3. 대표자 성명 :

4. 대표자 생년월일 :

 「근로복지기본법」 제52조 제4항·제86조의 15 및 같은 법 시행규칙 제21조에 따라 위와 같이 기금법인의 설립을 인가합니다.

년   월   일

지방고용노동청(지청)장 [직인]

210mm×297mm[백상지(80g/㎡) 또는 중질지(80g/㎡)]

![로고] **등기사항전부증명서(말소사항 포함)[제출용]**

등기번호	███████
등록번호	███████

명 칭	███████ 사내근로복지기금	. .
주사무소	울산███████████████	. .

목 적

근로복지기본법의 규정에 따라 사내근로복지기금을 효율적으로 관리·운영함으로써 ███████ ██ 사내근로복지기금을 조성한 '주식회사 ███████' 소속 근로자의 생활안정과 복지증진에 이바지함을 목적으로 한다.
1. 근로자 주택 구입자금의 보조
2. 우리사주 구입자금의 지원
3. 장학금·재난구호금의 지급
4. 체육·문화 활동의 지원, 근로자의 날 행사 지원
5. 모성보호 및 일과 가정생활의 양립을 위하여 필요한 비용 지원
6. 근로자용 기숙사, 보육 시설(사업주의 법정 의무시설 제외)에 대한 출자·출연 또는 동 시설의 구입·설치 및 운영
7. 휴양콘도미니엄, 여가·체육 및 문화 활동을 위한 복지 회관에 대한 출자·출연 또는 동 시설의 구입·설치 및 운영
8. 해당 사내근로복지기금을 조성한 회사로부터 직접 도급받는 업체의 소속 근로자 및 해당 사업의 파견근로자의 복리후생 증진영
9. 기타 근로자의 재산 형성 및 생활 원조를 위한 사업
10. 기금 법인의 운영을 위한 경비 지출

임원에 관한 사항

이사	███████████████████████████
라티	
대	
이사	
이사	
이사	

기 타 사 항

1. 자산에관한사항
   자산의 총액: 10,000,000원
1. 설립인허가연월일
   2025년 07월 24일

1. 존립기간 또는 해산사유
   1. 기금법인 회사의 사업의 폐지
   2. 제39조에 따른 기금법인의 합병

[인터넷 발급] 문서 하단의 바코드를 스캐너로 확인하거나, **인터넷등기소(https://www.iros.go.kr)의 발급확인** 메뉴에서 발급확인번호를 입력하여 **위·변조 여부를 확인할 수 있습니다. 발급확인번호를 통한 확인은** 발행일부터 3개월까지 5회에 한하여 가능합니다.

210   복지와 절세의 비밀병기, 사내근로복지기금

고 유 번 호 증

(수익사업을 하지 않는 비영리법인 및 국가기관 등:본점)

고유번호 : ■■-82-■■■■

단 체 명 : ■■■■■ 사내근로복지기금

대 표 자 성 명 : ■■■■   법인등록번호 : ■■■■■■■■

소 재 지 : 울산■■■■■■■■■■■■■

발 급 사 유 : 신규

(유의사항)

(1) 이 고유번호증의 부여로 인해 고유번호증상의 대표자가 정당한 대표자임을 증명
하지 않으며, 「민법」 기타 특별법에 따른 법인격이 부여되는 것은 아닙니다.

(2) 수익사업을 하고자 하는 경우에는 비영리법인의 수익사업 개시신고서(「법인세법」
시행규칙 별지 제75호의4)를 제출하고 납세의무를 이행하여야 하며, 미이행시
가산세 등의 세무상 불이익을 받을 수 있습니다.

[　] 사내근로복지기금법인
[　] 공동근로복지기금법인　운영상황 보고서(　　　년도분)

※ 3쪽 및 4쪽의 작성방법을 읽고 작성하시기 바랍니다.　　　　　　　　　　　　　(4쪽 중 1쪽)

기금법인	① 기금법인명			② 인가번호	
	③ 설립등기일			④ 전화번호	
	⑤ 소재지				
	⑥ 회계연도	년　　월　　일 ~		년　　월　　일	

사업체	⑦ 대표자		⑧ 업종	
	⑨ 소속근로자 수(명)		⑩ 협력업체근로자 수(명)	
	⑪ 납입자본금(천원)			

기본재산 현황 (천원)	⑫ 직전 회계연도 마지막 날 기준 기본재산 총액				
	해당 회계 연도 변동 금액	증가	⑬ 사업주 출연	⑭ 수익금 · 이월금 전입	
			⑮ 사업주 외의 자 출연	⑯ 기금법인 합병	
		감소	⑰ 기본재산 사용	⑱ 기금법인 분할 등	
		⑲ 소계			
	⑳ 해당 회계연도 마지막 날 기준 기본재산 총액				

기금 운용 및 관리 (천원)	운용방법	㉑ 금융회사 예입 · 예탁	㉒ 투자신탁 수익증권 매입
		㉓ 유가증권 매입	㉔ 보유 자사주 유상증자 참여
		㉕ (부동산)투자회사가 발행하는 주식의 매입	㉖ 기타
	㉗ 근로자 대부		
	㉘ 합계		

기금사업 재원 (천원)	㉙ 해당 회계연도 기금운용 수익금
	㉚ 해당 회계연도 출연금액의 100분의 50, 100분의 80 또는 100분의 90 범위
	㉛ 기본재산 총액의 해당 사업(장) 자본금 100분의 50 초과액
	㉜ 직전 회계연도 기준 기본재산 총액의 100분의 20, 100분의 25 또는 100분의 30 범위
	㉝ 공동근로복지기금 지원액 및 그 지원액의 100분의 50 범위
	㉞ 이월금 등
	㉟ 합계

210mm×297mm[백상지(80g/㎡) 또는 중질지(80g/㎡)]

사내근로복지기금 절세 관련 사례

(사례1)

대전지방법원 2022.11.10. 선고
2022구합100898 판결

쟁점 : 선택적 복지포인트가 과연 '근로소득세 과세대상'에 포함되는가?

1. 사건의 배경

○○공사는 철도 운영을 전문적으로 맡는 대규모 공기업으로, 철도 산업 발전과 국민경제에 기여하기 위해 설립된 기관입니다.

이 회사는 직원들의 복지 향상과 근무 의욕 제고를 위해 2007년부터 '선택적 복지제도'를 도입했습니다.

선택적 복지제도란, 회사가 일정 금액을 포인트 형태로 지급하고 직원이 각자 원하는 복지 항목을 선택해 사용할 수 있도록 한 제도입니다.

포인트는 1점당 1천 원의 가치를 지녔습니다.

직원들은 건강검진, 체력 단련, 도서 구입, 자기 계발 학원비, 문화·레저 활동, 가족친화프로그램 등에 포인트를 사용할 수 있었습니다.

회사는 전용 온라인몰과 복지카드를 마련해 직원들이 현금처럼 활용할 수 있도록 했습니다.

다만, 사용에는 제한이 있었습니다.

유흥비, 복권, 보석, 상품권, 성형수술 등은 사용할 수 없었고, 증빙이 어려운 지출도 금지되었습니다.

또한 미사용 포인트는 매년 12월 20일 이후 자동 소멸되어 환급이나 이월이 불가능했습니다.

가장 중요한 점은 포인트 지급이 근무 상태와 밀접히 연결되어 있었다는 사실입니다.

신규 입사자는 근무한 달 수만큼만, 휴직자는 휴직 기간을 제외하고, 퇴직자는 근무한 기간까지만 지급받았습니다.

무급휴직자는 아예 지급 대상에서 제외되었습니다.

즉, 근로 여부와 지급이 직접적으로 연동된 제도였습니다.

2. 원고(○○공사)의 주장

회사는 이 복지포인트가 근로소득세 과세대상에 해당하지 않는다고
주장했습니다.
주요 논리는 세 가지였습니다.

1) 대법원 판례 인용
   과거 대법원은 복지포인트를 근로기준법상 임금으로 보지 않았
   습니다.
   따라서 임금이 아니라면 소득세법상 근로소득에도 해당하지 않
   는다는 주장이었습니다.

2) 임금이 아닌 복지제도
   복지포인트는 임금의 대체가 아니라 복지를 위한 제도였습니다.
   회사 재량으로 운영되었고, 모든 직원에게 차별 없이 지급되며
   사용처도 제한적이었으므로 노동의 대가가 아니라는 입장이었습
   니다.

3) 조세평등 위배 주장

공무원 맞춤형 복지점수는 과세대상이 아닌데, 공기업 직원에게
만 과세하는 것은 조세평등 원칙에 어긋난다는 주장이었습니다.
따라서 이미 납부한 근로소득세를 환급받아야 한다는 입장이었
습니다.

3. 피고(세무서장)의 주장

반대로 피고인 세무서장은 복지포인트가 분명히 근로소득에 해당한
다고 보았습니다.

주장은 크게 세 가지입니다.

1) 근로와 직접적 연관

복지포인트는 정기적이고 일률적으로 지급되었으며, 근무기간에
따라 월 단위로 정산되는 등 근로와 직접 연관되어 있습니다.
이는 단순 복지가 아니라 근로 대가의 또 다른 형태라고 강조했
습니다.

2) 소득세법 제20조

소득세법 제20조는 '근로를 제공하고 그 대가로 받는 모든 경제
적 이익'을 근로소득으로 규정합니다.
여기에는 봉급, 급료뿐만 아니라 '이와 유사한 성질의 급여'도 포

함됩니다.

복지포인트 역시 실질적으로는 임금과 동일하게 기능하므로 과세 대상에 포함된다는 입장이었습니다.

3) 공무원 복지제도

공무원 맞춤형 복지점수와는 성격이 다릅니다.

공무원 제도는 국가 재정과 정책적 판단에 따른 특수한 제도이므로, 동일하게 비교할 수 없다는 주장을 펼쳤습니다.

따라서 피고는 원천징수 근로소득세를 환급해 줄 이유가 없다고 주장했습니다.

4. 법원의 판단

법원은 ○○공사의 주장을 받아들이지 않았습니다.

핵심 근거는 소득세법 제20조였습니다.

이 조항은 "근로를 제공하고 그 대가로 받는 모든 경제적 이익"을 근로소득으로 규정합니다.

여기에는 봉급, 급료, 상여금 등은 물론, '이와 유사한 성질의 급여'도 포함됩니다.

즉, 이름이 무엇이든 실질이 근로 대가라면 과세 대상이라는 것입니다.

재판부의 논리는 다음과 같습니다.

1) 근로기준법 임금 vs 소득세법 근로소득

근로기준법상 임금은 근로의 대가로 지급되는 금품에 한정되지만, 소득세법상 근로소득은 범위가 더 넓어 근로와 관련된 경제적 이익 전부를 포함합니다.

따라서 임금에 해당하지 않는다고 해서 과세대상에서 빠지지 않습니다.

2) 복지포인트 지급 구조

포인트는 근무기간에 따라 월 단위로 정산되었고, 정기적·계속적으로 지급되었습니다.

신규 입사, 휴직, 퇴직 시 달리 적용된 점은 근로 여부와 직결되므로 임금적 성격이 강하다고 보았습니다.

3) 실질적 임금 성격

포인트는 건강관리, 자기 계발, 문화·여가 활동 등 사실상 생활비 성격으로 사용되었습니다.

이는 현금 지급과 본질적으로 다르지 않다고 판단했습니다.

4) 공무원 복지점수와의 차이

공무원 복지점수는 국가 재정정책과 연계된 제도입니다.

반면, 공기업 복지포인트는 회사 재량으로 운영된 제도로 비교

대상이 될 수 없다고 보았습니다.

따라서 법원은 복지포인트를 근로소득세 과세대상으로 판단했고, 환급 요구를 기각했습니다.

5. 판결의 의미와 시사점

이 판례는 기업 실무에 중요한 시사점을 줍니다.

1) 세법은 형식보다 실질을 본다.

복지라는 이름만 붙였다고 비과세가 되지 않습니다.

정기적·일률적으로 지급되고, 근로와 연결되며, 사실상 임금처럼 쓰일 수 있다면 과세대상입니다.

2) 지급 수단의 형식은 중요하지 않다.

현금, 상품권, 포인트, 카드 등 어떤 형태든 직원이 경제적 이익을 얻는다면 세법상 동일하게 과세됩니다.

3) 복지제도 설계 시 세법 검토 필요

복지를 확대하더라도 세법을 고려하지 않으면 불필요한 세금 분쟁이 발생할 수 있습니다.

이번 사건은 소송으로까지 이어질 수 있음을 보여줍니다.

4) 사내근로복지기금 활용

법에 근거해 운영되는 사내근로복지기금은 세법상 비과세 혜택
이 명확합니다.

기업이 복지를 제공하면서 세무 리스크를 줄이는 안전한 방법입
니다.

5) 기업 리스크 관리

복지를 확대하려는 의도 자체는 긍정적이지만, 법적 근거와 세법
적 검토 없이 추진하면 오히려 위험을 키울 수 있습니다.

따라서 인사·노무·세무 관점을 종합적으로 고려해야 합니다.

6. 실무적 조언

- 직원에게 정기적·일률적으로 제공되는 혜택은 반드시 근로소득
해당 여부를 검토해야 한다.

- 포인트, 마일리지, 복지카드 등 간접 지급 수단도 과세 가능성을
배제할 수 없다.

- 복지제도를 설계할 때 세무사와 협의해 비과세 항목과 과세 항목
을 명확히 구분해야 한다.

- 장기적으로는 사내근로복지기금 같은 제도를 활용하는 것이 가장
안전하다.

7. 결론

법원은 ○○공사의 청구를 기각하며, 선택적 복지 포인트는 소득세법상 근로소득이라고 판시했습니다.

즉, 복지라는 이름으로 지급되더라도 실질이 임금과 같다면 과세 대상이 된다는 원칙을 다시 확인한 것입니다.

따라서 기업은 직원 복지를 확대하더라도 세무 리스크를 차단할 장치를 마련해야 합니다.

사내근로복지기금 같은 합법적 틀 안에서 복지를 제공하는 것이 바람직합니다.

이번 사건은 단순한 세금 분쟁을 넘어 기업 경영 전반에서 법과 제도의 중요성을 일깨워 준 사례라 할 수 있습니다.

(사례2)

서면법인 2023-3811(2024.1.31.)

**쟁점 : 자기주식을 사내근로복지기금에 출연할 때 손금으로 인정되
는가?**

1. 사건의 배경

(주)○○○○○○법인은 제조업을 하는 코스닥 상장기업입니다.

이 회사는 근로자의 생활 안정과 복지증진을 위해 「근로복지기본
법」 제50조에 따라 사내근로복지기금을 설립했습니다. 그런데 이번
에 현금이 아닌 자기주식을 기금에 출연하려고 합니다.

회사의 질문은 단순합니다.

"회사가 자기주식을 사내근로복지기금에 내놓으면, 법인세 계산 시
비용(손금)으로 인정받을 수 있느냐?" 입니다.

2. 원고(질의법인)의 질의 요지

법인세법 시행령 제19조 제22호에 따르면 사내근로복지기금에 출
연하는 금품은 손금에 포함될 수 있다고 되어 있습니다.

그렇다면 자기주식도 '금품'에 포함되는지, 즉 출연 시 세법상 손비로 처리 가능한지가 쟁점이었습니다.

3. 회신(세무당국의 판단)

세무당국은 명확하게 답했습니다.

"네, 가능합니다."

즉, 내국법인이 설립한 사내근로복지기금에 자기주식을 출연하는 경우, 법인세법 시행령 제19조 제22호에 따라 손비로 계상할 수 있다고 보았습니다.

4. 관련 법령의 해석

법인세법 제19조(손금의 범위)

손금이란 기업의 순자산을 줄이는 거래로 발생하는 손실이나 비용을 말합니다. 다만 자본금 환급이나 잉여금 처분 같은 것은 제외됩니다. 즉, 회사 운영 과정에서 '정상적으로 발생하는 비용'이라면 손금으로 인정됩니다.

법인세법 시행령 제19조 제22호

이 조항에서 명시적으로 "사내근로복지기금에 출연하는 금품"은 손금으로 본다고 규정합니다.

여기서 '금품'에는 현금뿐만 아니라 유가증권(주식 포함)도 들어갑니다. 따라서 자기주식 출연도 해당합니다.

근로복지기본법 제50조, 제61조

사내근로복지기금 제도의 목적은 근로자의 생활 안정과 복지증진에 있습니다. 사업주는 이익 일부를 기금에 출연할 수 있고, 현금뿐만 아니라 주식, 부동산, 기타 재산도 가능합니다.

즉, 회사가 자기주식을 기금에 출연하는 것은 법적으로 허용된 방식이며, 세법에서도 이를 손비로 인정해 주는 구조입니다.

5. 판례적·실무적 의미

이 회신은 기업 실무에서 중요한 기준이 됩니다.

기부금과의 차이

일반적으로 회사가 외부 단체에 기부하면 '지정기부금 한도' 내에서만 손금산입이 가능합니다. 초과분은 비용 처리되지 않습니다.

하지만 사내근로복지기금은 다릅니다. 기부금이 아니라 별도 규정에 의해 전액 손금 인정이 가능합니다.

자기주식 활용 가능성

기업이 보유한 자기주식은 처분 방법이 까다로운데, 이를 기금에 출연하면 단순 기부가 아니라 세무상 비용 처리가 됩니다. 세금 절감 효과와 함께 직원 복지 강화라는 두 마리 토끼를 잡을 수 있습니다.

결국 이 제도는 기업이 직원 복지를 실현하면서도 세법상 불이익 없이 합법적으로 비용 처리할 수 있는 길을 열어 줍니다. 사내근로복지기금 제도의 의도와도 맞아떨어지는 부분입니다.

6. 실무적 조언

기금을 설립했다면 현금뿐 아니라 자기주식도 출연가능합니다.

단, 반드시 복지기금협의회의 결의 및 통보 절차를 거쳐야 하고, 정관에도 반영되어야 합니다.

세무 처리 시에는 "법인세법 시행령 제19조 제22호 근거"를 명시해 회계 처리하는 것이 바람직합니다.

향후 세무조사에서 문제되지 않도록, 기금 운영 목적(근로자 복지)을 충실히 지켜야 합니다.

7. 결론

사내근로복지기금에 자기주식을 출연하는 경우도 손금 인정이 된다.

즉, 회사 입장에서는 비용 처리 가능 → 법인세 부담 경감 효과가 있습니다.

이번 회신은 기업에게 복지 확대와 절세 전략을 동시에 실현할 수 있는 유효한 방법임을 보여준 사례라 할 수 있습니다.

(사례3)

서면법규법인 2023-2092(2024.1.4.)

쟁점 : 사내근로복지기금 출연금이 순이익 5%를 넘더라도 전액 손금으로 인정되는가?

1. 사건의 배경

질의법인은 수년간 경영적자로 어려움을 겪다가, 사옥 매각을 통해 일시적으로 큰 순이익을 올리게 되었습니다.

이후 회사는 직원 복지를 강화한다는 명분으로 사내근로복지기금에 수백억 원을 한 번에 출연했습니다.

다만 조건을 걸었습니다. "앞으로는 추가 출연은 하지 않는다"는 단서였습니다.

여기서 회사의 고민은 세법 처리 문제였습니다.

「근로복지기본법」 제61조 제1항은 '직전 사업연도 법인세 차감 전 순이익의 5%'를 기준으로 출연할 수 있다고 되어 있습니다. 그렇다면 5%를 초과하는 금액은 손금(비용)으로 인정되지 않는 것인지, 아니면 「법인세법 시행령」 제19조 제22호에 따라 전액 손금으로 볼 수 있는지가 쟁점이 되었습니다.

2. 원고(질의법인)의 질의 요지

회사는 순이익의 5%를 초과해 출연했음에도 전액을 손금으로 처리했습니다.

이에 대해 "법인세법상 손금으로 전액 인정 가능한지, 아니면 5%까지만 인정되는지"를 확인하고자 했습니다.

3. 회신(세무당국의 판단)

세무당국은 기존 해석사례(기재부 법인세제과-3, 2024.1.2.)를 인용하며, 명확히 답했습니다.

"사내근로복지기금에 출연하는 금품은 순이익 5%를 초과하더라도 전액 손금에 산입된다."

즉, 기부금처럼 일정 한도만 비용 처리되는 것이 아니라, 사내근로복지기금 출연은 전액 손금 인정 항목이라는 것입니다.

4. 관련 법령 해설

법인세법 시행령 제19조 제22호

내국법인이 설립한 사내근로복지기금(제50조 근거)에 출연하는 금품은 손비로 본다.

→ 따라서 금액 제한 규정이 없습니다.

근로복지기본법 제61조

사업주는 직전 연도 순이익의 5%를 기준으로 출연할 수 있다고 규정하지만, 이는 기준선일 뿐, 초과 출연을 금지하거나 세무상 불이익을 주겠다는 취지는 아닙니다. 오히려 제2항에서 유가증권, 현금 등 다양한 재산 출연을 허용합니다.

즉, 근로복지기본법상 출연 기준과 법인세법상 손금 인정 범위를 혼동하지 말아야 합니다. 전자는 기금 운영의 틀이며, 후자는 세무 처리 규정입니다.

5. 판례적·실무적 의미 : 전액 손금 인정

사내근로복지기금 출연은 기부금과 달리 전액 손금산입이 가능합니다. 따라서 출연 규모가 크더라도 법인세 부담을 합법적으로 줄일 수 있습니다.

기부금과의 차별성

외부 단체에 기부할 경우 지정기부금 한도 내에서만 비용 인정이 되지만, 사내근로복지기금은 회사 자체 복지기금이므로 한도 적용을 받지 않습니다.

순이익 5% 규정의 의미

많은 기업들이 5% 규정을 '세법상 한도'로 오해하기 쉽습니다. 하지만 이는 기금협의회가 출연 규모를 논의할 때 참고하는 기준일 뿐, 손금 인정 여부와는 무관합니다.

기업 재무전략과 연계 가능

일시적으로 큰 이익이 발생했을 때, 사내근로복지기금에 대규모 출연을 하면 두 가지 효과를 동시에 누릴 수 있습니다.

- 세금 절감 (전액 손금 처리)
- 직원 복지 강화 (조직 안정 효과)

6. 실무적 조언

사내근로복지기금에 출연하는 금품은 전액 비용 처리가 가능하므로, 기업 입장에서는 세무 전략으로 적극 활용할 수 있습니다.

단, 반드시 복지기금협의회의 의결·통보 절차를 거치고 정관에 명시해야 합니다.

출연금 사용은 법령상 복지 목적에 맞게 집행해야 하며, 복지 외 용도로 집행할 경우 추후 세무조사에서 문제 될 수 있습니다.

"순이익 5% 초과분은 안 된다"는 오해를 피하고, 임·직원 및 회계 담당자들에게 명확히 안내하는 것이 바람직합니다.

7. 결론

세무당국은 명확히 밝혔습니다.

"사내근로복지기금에 출연하는 금품은 전액 손금에 산입된다."

따라서 순이익 5%를 넘어서 출연했더라도 세무상 비용으로 인정되며, 법인세 절세 효과를 그대로 누릴 수 있습니다.

이 사례는 기업이 사내근로복지기금을 통해 복지와 절세라는 두 목표를 동시에 달성할 수 있음을 보여주는 대표적인 해석입니다.

저자소개

윤충식
- SWJ사내근로복지기금통합연구소 연구소장
- 세무학박사 / 대표세무사
- 국세청/기획재정부/국무총리 조세심판원 근무
- 제45회 세무사 자격시험 합격

하용원
- SWJ사내근로복지기금통합연구소 연구부소장
- 대표세무사
- 다수의 사내근로복지기금 설립 및 자문
- 제59회 세무사 자격시험 합격

정성권
- SWJ사내근로복지기금통합연구소 연구부소장
- 대표세무사
- 다수의 사내근로복지기금 설립 및 자문
- 제57회 세무사 자격시험 합격

이채경
- SWJ사내근로복지기금통합연구소 연구위원
- 대표노무사
- 기업 인사노무·급여관리 및 노동사건 대리 전문
- 제29회 노무사 자격시험 합격